Navigeren door het labyrint

labyrint

Een handleiding voor het beheer van data

Door Laura Sebastian-Coleman

Voor DAMA International

Technics publications

Gepubliceerd door:

2 Lindsley Road
Basking Ridge, NJ 07920 USA

https://www.TechnicsPub.com

Uitgegeven door Lauren McCafferty
Cover ontwerp door Lorena Molinari

Oorspronkelijke titel: Navigating the labyrinth
Eerste druk 2018

ISBN, print ed.   9781634628914
ISBN, Kindle ed.   9781634628921
ISBN, ePub ed.   9781634628938
ISBN, PDF ed.   9781634628945

Library of Congress Control Number: 2020945176

Inhoud

Mediteren is het varen van een koers, het navigeren, tussen problemen die we vaak aan het opruimen zijn. Na elk van deze problemen doemt er een ander op, waarvan de kusten nog aantrekkelijker en suggestiever zijn. Zeker, het vereist kracht en doorzettingsv   ermogen om problemen op te lossen, maar er is geen groter genoegen dan nieuwe kusten te bereiken, en zelfs om te zeilen, zoals Camoëns zegt, "door zeeën die nog nooit eerder zijn bevaren".

- José Ortega y Gasset, *Man en Mensen*

Voorwoord DAMA NL

Hoe gaat jouw organisatie om met data? Hoe voldoe je aan de toenemende vragen van klanten en hoe beveilig je tegelijkertijd de privacy? Zijn de data van voldoende kwaliteit voor jouw processen of is het de oorzaak van miscommunicatie en veel extra werk? Zijn de data geschikt voor het inzetten van data science? Hoe krijg je grip op algoritmen? Met andere woorden: hoe krijg je controle op het gebruik van de data?

Laura Sebastiaan-Coleman legt in dit boek uit hoe je met een holistische aanpak je datamanagement-organisatie kunt inrichten. Zij beschrijft hoe je data governance kunt inrichten, je datakwaliteitsprocessen kunt optimaliseren en de juiste data op het juiste tijdstip bij het juiste publiek kunt leveren. Is dit moeilijk? Is dit duur? Dit boek helpt je de uitgang te vinden in het labyrint van data zodat je zelf de regie over de data houdt.

DAMA Nederland heeft het initiatief genomen om dit verhaal in het Nederlands beschikbaar te stellen. Wij kregen van onze leden meerdere verzoeken om het verhaal van DAMA laagdrempeliger te maken. Deze verzoeken kwamen vanuit hogescholen, overheidsorganisaties en het bedrijfsleven. Datamanagement is al moeilijk genoeg om uit te leggen. Dit boek helpt je om in je eigen taal uit te leggen hoe je grip krijgt op je eigen data. Veel leesplezier en succes met de reis door het labyrint.

Peter Vieveen, Voorzitter, DAMA Nederland

1

Voorwoord DAMA International

De professionals op het gebied van datamanagement hebben lang geworsteld met het vinden van een balans tussen hun werk en het delen van de *redenen waarom* data zo belangrijk zijn, het helpen bij de cultuurverandering die nodig is om data op de voorgrond te brengen en het uiteindelijk vragen om leiderschap voor verbetering. Deze evenwichtsoefening is vandaag de dag nog belangrijker omdat het volume, de verscheidenheid en de snelheid van de data exponentieel toeneemt.

Als ervaren dataexperts gebruiken we boeken om ons te helpen. Meer specifiek wenden we ons tot de DAMA-DMBOK2. Het aantal van 600 pagina's is een mammoetboek en duikt diep in belangrijke concepten voor datamanagement. Geweldig voor het bouwen van uw datamanagement-framework, maar te zwaar wanneer u probeert uw baas te overtuigen.

We hebben iets nodig tussen de spreekwoordelijke elevator pitch en DAMA-DMBOK2. Iets dat het management eenvoudig en pragmatisch in staat stelt om het belang van effectief datamanagement te begrijpen - niet alleen voor het succes van de organisatie, maar ook voor het eigen persoonlijke succes. Iets dat geen extra last op de schouder veroorzaakt, klein genoeg is om mee te nemen in een laptoptas en de helder beschrijft wat datamanagement aan organisaties kan bieden.

En dit is wat Laura zo treffend heeft weten te creëren in *Navigeren door het Labyrint*. Het is een pocket edition van DAMA-DMBOK2, iets waar elke datamanagementprofessional twee exemplaren van zou moeten krijgen - één voor zichzelf en één voor hun manager (of, beter nog, voor de leidinggevende die data het meest waarschijnlijk als een kans ziet). Dit boek wordt hun referentie en hun levenslijn. Het krijgt ezelsoren van het gebruik, er verschijnen notities in de marge, en alle collega's zullen er verlangend naar kijken en hun eigen exemplaar wensen.

DAMA International is ongelooflijk trots op DAMA-DMBOK2. Vele jaren werk en meer dan 100 mensen hebben zich enorm ingespannen om datgene te creëren waarvan wij geloven dat het "het" kader voor datamanagement is. Nu staat het *navigeren door het Labyrint* op het punt om die uitvoerende barrière te doorbreken en datamanagement te leveren waar het hoort - precies daar waar het hoort - met alle andere zakelijke vereisten.

Op persoonlijk vlak ben ik trots op de DAMA-DMBOK2, maar ik ben nog trotser op deze lichte en toch ongelooflijk waardevolle aanvulling op de DAMA-producten. Ik geloof dat voor elke persoon die de DMBOK2 koopt en leest, het zeer waarschijnlijk is dat er drie tot vier of meer zullen volgen met het kopen en lezen van *Navigeren door het Labyrint*. Dank je wel, Laura.

Sue Geuens, President, DAMA International

Inleiding

Je hebt het gevoeld, je hebt het gelezen, je hebt het gezien. Betrouwbare, goed beheerde data zijn cruciaal voor het succes van de organisatie in de eenentwintigste eeuw. In welke sector u ook werkt - financiële diensten, gezondheidszorg, verzekeringen, productie, technologie, detailhandel, onderwijs en daarbuiten - uw organisatie heeft data nodig om zaken te doen en klanten te bedienen. Deze data voeden niet alleen uw bedrijfsprocessen, maar leveren u ook de bedrijfsinformatie die nodig is om het succes van uw organisatie te meten. En wat nog belangrijker is: de data die uw organisatie produceert, kunnen worden gebruikt om inzicht te krijgen in de huidige bedrijfsvoering - inzichten die u kunt toepassen om uw processen te verbeteren en de strategie van uw organisatie vooruit te helpen.

Maar betrouwbare data komen niet toevallig tot stand. In de complexe wereld van vandaag zijn goed beheerde data afhankelijk van de planning en het ontwerp, het beheer van bedrijfs- en technische processen en de inzet van uw organisatie voor resultaten van hoge kwaliteit. Het betekent ook dat de informatie over klanten, producten en bedrijfsactiviteiten veilig wordt bewaard, zodat deze niet voor criminele of kwaadaardige doeleinden kan worden gebruikt.

Betrouwbare data zijn afhankelijk van een succesvolle uitvoering van de functies en activiteiten op het gebied van datamanagement. Deze worden in detail beschreven in het *Datamanagement Body of*

Knowledge van DAMA International (bekend als *DMBOK2*). Inzicht in de breedte en diepte van functies waaruit datamanagement bestaat kan ontmoedigend zijn. Op het eerste gezicht kunnen ze nogal gecompliceerd lijken (zie figuur 1).

Figuur 1: Datamanagement Functies (DMBOK2, p. 44)

Navigeren door het Labyrint: Een Executive Guide to Datamanagement geeft u een perspectief dat deze complexiteit vermindert. Gebaseerd op de *DMBOK2*, biedt het een overzicht op hoog niveau van hoe data moeten worden beheerd om het succes van de organisatie te ondersteunen. Het legt ook uit wat dit succes in de weg kan staan.

Inzicht in de principes en best practices voor datamanagement helpt u bij het identificeren van en handelen naar de mogelijkheden van uw organisatie om meer waarde uit haar data te halen.

De eerste vier hoofdstukken geven een overzicht van het datamanagement:

- **Hoofdstuk 1: Het belang van datamanagement** - Legt uit wat datamanagement is, en hoe het beheer van data als bedrijfsmiddel uw organisatie kan helpen.

- **Hoofdstuk 2: Uitdagingen van datamanagement** - Geeft aan waarom het beheer van data verschilt van het beheer van andere bedrijfsmiddelen.

- **Hoofdstuk 3: DAMA's Datamanagement Principes** - Legt de principes van effectief datamanagement uit die u zullen helpen om de uitdagingen van data te overwinnen; introduceert het concept van het ontwikkelen van de datamanagementprocessen van uw organisatie op basis van een volwassenheidsmodel (Capability Maturity Model).

- **Hoofdstuk 4: Dataethiek** - Beschrijft de principes die ten grondslag liggen aan een ethische benadering van datamanagement; legt uit hoe deze benadering van datamanagement kan helpen voorkomen dat de data van uw organisatie worden gebruikt op manieren die schadelijk zijn voor uw klanten, uw reputatie of de gemeenschap in het algemeen.

In de volgende vier hoofdstukken worden de mechanismen voor het beheer van de datalevenscyclus besproken:

- **Hoofdstuk 5: Data Governance** - Legt de rol van data governance uit bij het bieden van toezicht op data; benadrukt de manieren waarop een organisatie, op operationeel en strategisch gebied, processen kan implementeren om betere beslissingen over data te nemen.

- **Hoofdstuk 6: Planning en ontwerp in de datalevenscyclus** - Beschrijft de rol van architectuur en datamodellering in het datamanagement, en het belang van planning en ontwerp in het beheer van de totale datalevenscyclus.

- **Hoofdstuk 7: Activeren en onderhouden van data** - Geeft een overzicht van de activiteiten met betrekking tot het verkrijgen, integreren en opslaan van data en het mogelijk maken van de valuta en de toegang in de tijd. Deze activiteiten omvatten het toepassen van ontwerpconcepten om betrouwbare, performante en veilige warehouses, marts en andere dataopslagomgevingen te creëren, waar verschillende soorten data kunnen worden geïntegreerd en beschikbaar gesteld voor een breed scala aan toepassingen.

- **Hoofdstuk 8: Gebruik en verbetering van data** - Beschrijft de manieren waarop data kunnen worden gebruikt om nieuwe data te creëren die waarde toevoegen aan een organisatie. Dataverbetering voegt zowel waarde als complexiteit toe aan de datalevenscyclus. De organische groei van het plannen en cultiveren van data wordt hiermee vereist.

De volgende drie hoofdstukken behandelen de fundamentele activiteiten die nodig zijn om het vertrouwen in de data te helpen opbouwen en ervoor te zorgen dat de organisatie in de loop van de tijd waarde uit haar data kan halen:

- **Hoofdstuk 9: Databescherming, privacy, beveiliging en risicobeheer** - Beschrijft hoe de risico's met betrekking tot data moeten worden beheerd, met name de risico's in verband met mogelijke inbreuken op privacy of kwaadwillig gebruik van data.

- **Hoofdstuk 10: Metadatamanagement** - Biedt een overzicht van het beheer van metadata, de kritische subset van data die de noodzakelijke kennis bevat om de rest van uw data te gebruiken en te onderhouden.

- **Hoofdstuk 11: Datakwaliteitsmanagement** - presenteert technieken om ervoor te zorgen dat de data van uw organisatie geschikt zijn voor het bereiken van strategische doelen door een organisatie. Deze technieken passen de principes van productmanagement op data toe en zijn afgestemd op de in hoofdstuk 3 beschreven principes van datamanagement.

Elk hoofdstuk eindigt met een overzicht van wat je moet weten over deze onderwerpen.

- **Hoofdstuk 12 Wat nu te doen** - Sluit het boek af met een aanpak voor het heroriënteren van de datamanagementprocessen door middel van een actuele status, een gedefinieerd stappenplan en een engagement voor verandermanagement.

DAMA erkent dat datamanagement voor de meeste leidinggevenden obscuur, gecompliceerd en zeer technisch kan lijken. Je hebt geen tijd om alle details te leren of de hype te doorbreken. Maar als jouw organisatie afhankelijk is van data - en de meeste organisaties zijn dat - dan heeft u een cruciale rol te spelen in het mogelijk maken van succes. Betrouwbaar datamanagement vergt inzet van de organisatie, en inzet van de organisatie komt voort uit leiderschap. DAMA hoopt dat u door het labyrint van datamanagement te navigeren, mogelijkheden kunt ontwikkelen voor uw organisatie om meer waarde uit haar data te halen. Dit boek zal de basisprincipes uitleggen en u helpen begrijpen waarom ze belangrijk zijn, zodat u de aandacht kunt richten op hoe u vertrouwen in de data van uw organisatie kunt opbouwen door middel van efficiënte en effectieve processen.

HOOFDSTUK 1

Het belang van datamanagement

Al voor de opkomst van de informatietechnologie waren informatie en kennis de sleutels tot concurrentievoordeel. Organisaties die beschikken over betrouwbare, hoogwaardige informatie over hun klanten, producten, diensten en activiteiten kunnen betere beslissingen nemen dan organisaties zonder (of met onbetrouwbare) data. Maar het produceren van data van hoge kwaliteit en het beheren ervan op een manier die het mogelijk maakt om deze effectief te gebruiken is geen eenvoudig proces.

In dit hoofdstuk worden de volgende concepten besproken, die van belang zijn voor elke organisatie die haar datamanagement wil verbeteren:

- De alomtegenwoordigheid van data
- De waarde van de data als bedrijfsmiddel

- Waarom het belangrijk is om het datamanagement los van het technologiebeheer te begrijpen
- Het scala aan activiteiten en functies met betrekking tot datamanagement

DATA IS OVERAL

Organisaties hebben altijd al behoefte gehad aan datamanagement, maar de vooruitgang in de technologie heeft de reikwijdte van deze behoefte vergroot. De data zijn alomtegenwoordig in alle organisaties. Bijna elk bedrijfsproces - van het opzetten van klanten tot het afhandelen van aankopen, tot het contacteren van klanten voor feedback en diensten - gebruikt data als input en produceert data als output. De meeste van deze data zijn in elektronische vorm, wat betekent dat ze vervormbaar zijn: ze kunnen in grote hoeveelheden worden opgeslagen, gemanipuleerd, geïntegreerd en geaggregeerd voor verschillende doeleinden, waaronder business intelligence en voorspellende analyses. Het levert ook het bewijs dat een organisatie de wet- en regelgeving naleeft (of niet).

Technische veranderingen hebben organisaties in staat gesteld om data op nieuwe manieren te gebruiken om producten te creëren, informatie te delen, kennis te creëren en het succes van de organisatie te verbeteren. Maar de snelle groei van de technologie en daarmee de menselijke vaardigheden om data te produceren, vast te leggen en betekenis te geven, hebben de noodzaak om data effectief te beheren geïntensiveerd.

DATAMANAGEMENT ALS BEDRIJFSMIDDEL

Een *bedrijfsmiddel* is een economische hulpbron, die eigendom kan zijn of gecontroleerd kan worden, en die waarde bezit of produceert. Bedrijfsmiddelen worden vaak beschouwd als bezit, maar met de sterke implicatie dat ze kunnen worden omgezet in geld. Data worden algemeen erkend als een bedrijfsmiddel, hoewel veel organisaties nog steeds moeite hebben om data te beheren als een bedrijfsmiddel. Zo worden data bijvoorbeeld nog niet in de balans van de meeste organisaties opgenomen.

Desgevraagd zouden veel senior executives zeggen dat de data van hun organisatie een waardevol bezit zijn. Het is niet alleen noodzakelijk voor de bedrijfsvoering, maar het kan ook inzicht geven in klanten, producten en diensten. Onderzoek toont echter aan dat maar weinig organisaties hun data als een bezit behandelen[1]. Voor velen kan het zelfs een verplichting zijn. Het niet beheren van data is vergelijkbaar met het niet beheren van kapitaal. Het resulteert in verspilling en gemiste kansen. Slecht beheerde data brengen zowel ethische als veiligheidsrisico's met zich mee.

Zelfs leidinggevenden die data als bedrijfsmiddel erkennen, kunnen mogelijk niet precies beschrijven wat dat betekent, omdat data op belangrijke punten verschillen van andere bedrijfsmiddelen. De primaire drijfveer voor datamanagement is echter om organisaties in staat te stellen waarde uit hun data te halen, net zoals effectief beheer van financiële en fysieke bedrijfsmiddelen organisaties in staat stelt

---

[1] Evans & Price, 2012; Laney 2018.

om waarde uit die bedrijfsmiddelen te halen. Het afleiden van waarde uit data gebeurt niet in een vacuüm of per ongeluk. Het vereist inzet en leiderschap van de organisatie, maar ook van het management.

DATAMANAGEMENT VS. TECHNOLOGIEBEHEER

Datamanagement is de ontwikkeling, uitvoering en supervisie van plannen, beleid, programma's en werkwijzen die de waarde van data en informatiemiddelen gedurende hun hele levenscyclus leveren, controleren, beschermen en vergroten.

Je denkt misschien "Is dat niet wat onze informatica-afdeling al doet?" Helaas niet. IT richt zich meestal niet op data. IT richt zich op technologische processen, de mensen die applicaties bouwen en de tools die ze daarvoor gebruiken. Historisch gezien richt IT zich niet op de data die worden gecreëerd door of opgeslagen in de applicaties die ze bouwt. IT had de neiging om de data zelf af te keuren (omdat ze beweert geen controle te hebben over de data) - ondanks het feit dat veel datamanagementfuncties deel uitmaken van de IT.

Hoewel datamanagement in hoge mate afhankelijk is van technologie en raakvlakken heeft met technologiebeheer, gaat het om afzonderlijke activiteiten die onafhankelijk zijn van specifieke technische instrumenten en processen.

Wat houdt datamanagement, gezien deze definitie, eigenlijk in? Wat betekent het om data effectief te beheren? Zoals bij alle vormen van beheer gaat het bij datamanagement om het plannen en coördineren van middelen en activiteiten om de doelstellingen van de organisatie te bereiken. De activiteiten zelf variëren van zeer technisch, zoals ervoor zorgen dat grote databases toegankelijk, performant en veilig zijn, tot zeer strategisch, zoals het bepalen van hoe het marktaandeel uit te breiden door innovatief gebruik van data. Deze managementactiviteiten moeten erop gericht zijn om hoogwaardige, betrouwbare data beschikbaar te stellen aan de organisatie, waarbij ervoor gezorgd moet worden dat deze data toegankelijk zijn voor geautoriseerde gebruikers en beschermd zijn tegen misbruik.

ACTIVITEITEN OP HET GEBIED VAN DATAMANAGEMENT

De activiteiten op het gebied van datamanagement kunnen in groepen worden onderverdeeld: sommigen richten zich op governance om ervoor te zorgen dat de organisatie degelijke, consistente beslissingen over data neemt; anderen zijn fundamenteel en richten zich op het mogelijk maken van het beheer, het onderhoud en het gebruik van data in de loop van de tijd; weer anderen richten zich op het beheer van de levenscyclus van de data, van het verkrijgen van data tot het verwijderen ervan (zie figuur 2).

- **Governance-activiteiten** helpen de ontwikkeling van data te beheersen en de risico's in verband met het gebruik van data te verminderen, terwijl ze tegelijkertijd een organisatie in staat stellen strategisch gebruik te maken van data. Deze activiteiten stellen een systeem van beslissingsrechten en verantwoordelijkheden voor data vast, zodat een organisatie consistente beslissingen kan nemen over de verschillende bedrijfstakken heen.[2] Governance-activiteiten omvatten zaken als:

- o   Definiëren van de datastrategie
- o   Vaststelling van het beleid
- o   Beheren van data
- o   Het bepalen van de waarde van de data voor de organisatie
- o   De organisatie voorbereiden om meer waarde uit haar data te halen door
    - ▪ Het rijpen van haar datamanagementprocessen
    - ▪ Het ontwikkelen van de mentaliteit van de organisatie rond data door middel van cultuurverandering

- **Levenscyclusactiviteiten** zijn gericht op het plannen en ontwerpen van data, het mogelijk maken van het gebruik ervan, het waarborgen van het effectieve onderhoud ervan en het daadwerkelijk gebruik ervan. Het gebruik van data leidt vaak tot verbeteringen en innovaties, die hun eigen levenscyclusvereisten hebben. Levenscyclusactiviteiten omvatten:

  - o   Data-architectuur
  - o   Datamodellering
  - o   Bouwen en beheren van datawarehouses en marts

---

[2] Het Data Governance Instituut. https://bit.ly/1ef0tnb.

- o Integratie van data voor gebruik door business intelligence-analisten en Data Scientists
- o Beheer van de levenscyclus van zeer kritische gedeelde data, zoals referentiegegevens en masterdata

- **Fundamentele activiteiten** zijn nodig voor een consistent beheer van de data in de loop van de tijd. Deze activiteiten zijn geïntegreerd in de gehele levenscyclus van de data:

  - o De bescherming van de data waarborgen
  - o Beheer van metadata, de kennis die nodig is om data te begrijpen en te gebruiken
  - o Beheer van de kwaliteit van data

Fundamentele activiteiten moeten worden verantwoord als onderdeel van de planning en het ontwerp, en ze moeten operationeel worden uitgevoerd. Deze activiteiten worden ook ondersteund door en vormen een integraal onderdeel van het succes van de bestuursstructuren.

KENNISGEBIEDEN VAN DATAMANAGEMENT

Het werk van datamanagement wordt uitgevoerd door mensen die werkzaam zijn in datamanagementfuncties of kennisgebieden, die verschillende vaardigheden en expertise vereisen (zie figuur 2).

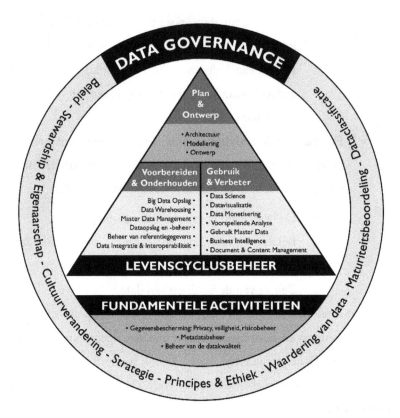

Figuur 2: Datamanagement Functies (DMBOK2, p. 44)

DAMA International heeft elf kennisgebieden onderkend:

- **Data Governance** geeft richting aan en houdt toezicht op de activiteiten en functies op het gebied van datamanagement door een systeem van beslissingsrechten en - verantwoordelijkheden voor het vaststellen van data. Deze rechten en verantwoordelijkheden moeten rekening houden met de behoeften van de onderneming als geheel.

- **De data-architectuur** definieert de blauwdruk voor het beheer van data door deze af te stemmen op de strategie van de organisatie en door ontwerpen op te stellen om aan de strategische datavereisten te voldoen.

- **Datamodellering en -ontwerp** is het proces van het ontdekken, analyseren, representeren en communiceren van datavereisten in een precieze vorm die het datamodel wordt genoemd.

- **Data storage en operations** omvatten het ontwerp, de implementatie en de ondersteuning van opgeslagen data om de waarde ervan te maximaliseren. Operations biedt ondersteuning gedurende de gehele datalevenscyclus, van planning tot en met het verwijderen van data.

- **Databeveiliging** zorgt ervoor dat de privacy en vertrouwelijkheid van de data behouden blijft, dat er geen inbreuk wordt gemaakt op de data en dat de data op de juiste manier worden benaderd.

- **Data-integratie en interoperabiliteit** omvatten processen met betrekking tot het verplaatsen en consolideren van data binnen en tussen databanken, applicaties en organisaties.

- **Document- en contentmanagement** omvatten planning, implementatie en controleactiviteiten om de levenscyclus van data en informatie in een reeks ongestructureerde media te beheren, met name documenten die nodig zijn ter ondersteuning van de naleving van de wettelijke en reglementaire vereisten.

- **Beheer van referentie- en stamgegevens** omvatten het voortdurend afstemmen en onderhouden van de belangrijkste kritieke gedeelde data om een consistent gebruik van de meest nauwkeurige, tijdige en relevante versie van de waarheid over essentiële bedrijfsentiteiten in alle systemen mogelijk te maken.

- **Data Warehousing en Business Intelligence** omvatten de plannings-, implementatie- en controleprocessen om de beslissingsondersteunende data te beheren en om kenniswerkers in staat te stellen waarde uit data te halen via analyse en rapportage.

- **Metadatamanagement** omvat plannings-, implementatie- en controleactiviteiten om toegang te krijgen tot geïntegreerde metadata van hoge kwaliteit, met inbegrip van definities, modellen, datastromen en andere informatie die van cruciaal belang zijn om inzicht te krijgen in data en de systemen waarmee deze worden gecreëerd, onderhouden en toegankelijk gemaakt.

- **Datakwaliteitsmanagement** omvat de planning en implementatie van kwaliteitsmanagementtechnieken om de geschiktheid van data voor gebruik binnen een organisatie te meten, te beoordelen en te verbeteren.

Deze kennisgebieden vormen de kern van het datamanagement. Elke organisatie die waarde probeert te halen uit haar data moet zich ermee bezighouden. Maar ze zijn ook in ontwikkeling. Veranderingen in onze vaardigheden om data te creëren en te gebruiken betekenen dat andere concepten ook als "kennisgebieden" voor datamanagement kunnen worden beschouwd (zoals dataethiek, Data Science, big data-management en opkomende technologieën).

Datamanagementprofessionals die in deze kennisgebieden werken, helpen een organisatie:

- Begrijpen en ondersteunen van de informatiebehoeften van de onderneming en haar stakeholders, waaronder klanten, werknemers en zakenpartners;
- Vastleggen, opslaan en waarborgen van de integriteit en kwaliteit van de data om het gebruik ervan door de onderneming mogelijk te maken;
- De veiligheid, privacy en vertrouwelijkheid van data te waarborgen door ongepaste toegang, manipulatie of gebruik te voorkomen.

WAT U MOET WETEN

- Het doel van datamanagement is om een organisatie in staat te stellen meer waarde uit haar data te halen.
- In een wereld die afhankelijk is van data, worden betrouwbare datamanagementprocessen steeds kritischer.
- Datamanagement omvat governance, basisactiviteiten en levenscyclusactiviteiten.
- Bij datamanagement gaat het om een scala aan vaardigheden - van strategisch tot zeer technisch.

- De werkwijzen op het gebied van datamanagement evolueren snel naarmate de bedrijfsbehoeften en de technologische vaardigheden evolueren.

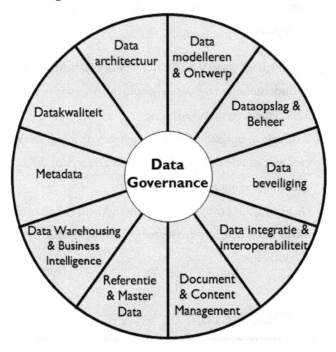

Figuur 3: Het DAMA DMBOK2 Datamanagement Framework (DMBOK2, p.36)

HOOFDSTUK 2

Uitdagingen van datamanagement

Data zijn zowel een operationele noodzaak als een troef. Effectief datamanagement kan een organisatie in staat stellen om meer waarde uit haar data te halen. Het beheer van een bedrijfsmiddel vereist waardecreatie, beheersing van de levenscyclus en acceptatie door de hele organisatie. Maar de unieke eigenschappen van data geven een andere draai aan deze functies. In dit hoofdstuk worden de volgende concepten met betrekking tot deze uitdagingen behandeld:

- Beheer van data als bedrijfsmiddel
    - o Data verschillen van andere bedrijfsmiddelen
    - o Data vormen een risico
    - o Slechte kwaliteit van data kost tijd en geld
    - o Datawaardering is niet gestandaardiseerd

- Beheersen van de datalevenscyclus
    - o Datamanagement omvat het beheer van de datalevenscyclus
    - o Verschillende soorten data hebben verschillende vereisten voor de levenscyclus
    - o Metadata moeten worden beheerd als onderdeel van de levenscyclus van de data.
- Acceptatie van datamanagement in een organisatie
    - o Datamanagement wordt vaak verward met informatietechnologiebeheer
    - o Datamanagement is cross-functioneel en vereist een scala aan vaardigheden
    - o Datamanagement vereist een ondernemingsperspectief en leiderschapsinzet

DATA VERSCHILLEN VAN ANDERE BEDRIJFSMIDDELEN

De data hebben unieke kenmerken die ze anders maken dan andere bedrijfsmiddelen.[3] Fysieke bedrijfsmiddelen kunnen worden aangeduid, aangeraakt en verplaatst. Financiële bedrijfsmiddelen worden op de balans verantwoord. Maar data zijn anders. Data zijn niet tastbaar. Toch is het duurzaam; het slijt niet. Data zijn gemakkelijk te kopiëren en te transporteren. Maar het is niet

---

[3] Dit gedeelte is afgeleid van Redman, Thomas. *Datakwaliteit voor het Informatietijdperk* (1996) pp. 41-42, 232-36; en *Data Driven* (2008), Hoofdstuk 1, "De wonderbaarlijke en gevaarlijke eigenschappen van data en informatie. "

gemakkelijk te reproduceren als ze verloren gaan of vernietigd worden. Omdat het bij gebruik niet wordt geconsumeerd, kan het zelfs worden gestolen zonder dat het weg is. Data zijn dynamisch en kunnen voor meerdere doeleinden worden gebruikt. Dezelfde data kunnen zelfs door meerdere mensen tegelijk worden gebruikt - iets wat onmogelijk is met fysieke of financiële middelen. Veel toepassingen van data resulteren in meer data.

Deze verschillen maken het een uitdaging om eenvoudigweg data bij te houden, laat staan een monetaire waarde aan data toe te kennen. Zonder deze monetaire waarde kan het moeilijk zijn om te meten hoe data bijdragen aan het succes van de organisatie. Deze verschillen brengen ook andere kwesties met zich mee die van invloed zijn op datamanagement, zoals:

- Inventarisatie van hoeveel data een organisatie heeft
- Definiëren van data-eigendom en verantwoording
- Bescherming tegen misbruik van data
- Risico's in verband met datamanagement
- Definiëren en afdwingen van kwaliteitsnormen voor data

DATA VORMEN EEN RISICO

Data vertegenwoordigen niet alleen waarde en kansen, maar brengen ook risico's met zich mee. Onnauwkeurige, onvolledige of verouderde data vormen uiteraard een risico, omdat de informatie niet juist is. Maar data brengen ook andere risico's met zich mee:

- **Misbruik:** Als consumenten niet over voldoende en juiste informatie (metadata) beschikken over de data die zij gebruiken, bestaat het risico dat de data worden misbruikt of verkeerd worden begrepen.

- **Onbetrouwbaarheid:** Als de kwaliteit en de betrouwbaarheid van de data niet door middel van normen en metingen zijn vastgesteld, bestaat het risico dat onbetrouwbare data worden gebruikt om beslissingen te nemen.

- **Ongepast gebruik:** Als data niet beschermd en beveiligd zijn, bestaat het risico dat data door onbevoegden voor ongeoorloofde doeleinden worden gebruikt.

Het feit dat data gemakkelijk kunnen worden gekopieerd, betekent dat ze kunnen worden geschonden zonder dat ze 'weg' zijn van de rechtmatige eigenaars. Bovendien, omdat data mensen, producten en geld vertegenwoordigen, hebben wetgevers en regelgevers het potentiële gebruik en misbruik van informatie erkend en wetten ingevoerd die bedoeld zijn om voor de hand liggende risico's te beperken. Bijvoorbeeld:

- Sarbanes-Oxley in de VS richt zich op de controle van de juistheid en geldigheid van financiële transactiedata van transactie tot balans.

- Solvability II in de EU is gericht op de datalineage en de kwaliteit van de data die ten grondslag liggen aan de risicomodellen en de solvabiliteit in de verzekeringssector.

- Overal ter wereld beschrijven de voorschriften -voor wat betreft databescherming- de verplichtingen met betrekking tot de behandeling van persoonlijke identificatiedata (bijvoorbeeld naam, adres, geloofsovertuiging of seksuele geaardheid) en de privacy (toegang tot of beperking van deze informatie). Voorbeelden hiervan zijn:
  - De Health Insurance Portability and Accountability Act (HIPPA) in de VS.
  - Wet op de bescherming van persoonsdata en elektronische documenten (PIPEDA) in Canada
  - De algemene verordening voor wat betreft databescherming (BBPR) in de EU

Consumenten zijn zich ook meer bewust van de manier waarop hun data kunnen worden gebruikt. Zo verwachten zij bij aankopen op een website niet alleen een soepeler en efficiënter verloop van de processen, maar ook de bescherming van hun data en het respect voor hun privacy. Organisaties die de data van hun klanten niet beschermen, hebben die klanten misschien niet lang meer.

SLECHTE KWALITEIT VAN DE DATA KOST GELD

Het waarborgen van een hoge kwaliteit van de data staat centraal in het datamanagement. Als data niet voldoen aan de behoeften van de consument - als ze niet 'geschikt voor het doel' zijn - dan is de inspanning om ze te verzamelen, op te slaan, te beveiligen en toegankelijk te maken, verspilling. Om ervoor te zorgen dat de data voldoen aan de behoeften van het bedrijfsleven, moeten de teams voor datamanagement samenwerken met de consumenten van de data om de kenmerken te definiëren die de data van hoge kwaliteit maken.

Bij de meeste toepassingen van data wordt ervan geleerd om dat leren toe te passen en waarde te creëren. Bijvoorbeeld het begrijpen van klantgewoontes om een product of dienst te verbeteren; het beoordelen van organisatorische prestaties of markttrends om een betere bedrijfsstrategie te ontwikkelen, enz. Slechte kwaliteit van de data zal een negatieve invloed hebben op deze beslissingen.

Net zo belangrijk is dat data van slechte kwaliteit gewoonweg kostbaar zijn voor elke organisatie. Schattingen verschillen, maar deskundigen denken dat organisaties 10-30% van hun omzet aan het verwerken van datakwaliteitsproblemen besteden. IBM schatte de kosten van data van slechte kwaliteit in de VS in 2016 op 3,1 biljoen dollar.[4]

Veel van de kosten van data van slechte kwaliteit zijn verborgen en indirect, en daarom moeilijk te meten. Andere, zoals boetes, zijn direct en eenvoudig te berekenen. De kosten komen van:

- Schroot- en herbewerking
- Workarounds en verborgen correctieprocessen
- Organisatorische inefficiëntie of lage productiviteit
- Organisatorisch conflict
- Lage arbeidstevredenheid
- Ontevredenheid van de klant

---

[4] Gerapporteerd in Redman, Thomas. "Slechte data kosten 3 biljoen dollar per jaar. "Harvard Business Review. 22 september 2016. https://bit.ly/2cUsIR3.

- Opportuniteitskosten, inclusief het onvermogen om te innoveren
- Compliance-kosten of boetes
- Reputatie- en public-relations-kosten.

De bijbehorende voordelen van hoogwaardige data zijn onder andere:

- Verbeterde klantervaring
- Hogere productiviteit
- Verminderd risico
- Vermogen om in te spelen op kansen
- Verhoogde omzet
- Concurrentievoordeel door inzicht in klanten, producten, processen en kansen
- Concurrentievoordeel door aantoonbare databeveiliging en - kwaliteit

Zoals deze kosten en baten impliceren, is het beheren van de datakwaliteit geen eenmalig iets. Het produceren van hoogwaardige data vereist planning, betrokkenheid en een mentaliteit die kwaliteit in processen en systemen inbouwt. Alle datamanagementfuncties kunnen de kwaliteit van de data beïnvloeden, ten goede of ten kwade, dus ze moeten allemaal rekening houden met de kwaliteit van de data bij het uitvoeren van hun werk.

DATAWAARDERING IS NIET GESTANDAARDISEERD

Aangezien de data van elke organisatie uniek zijn voor zichzelf, kan het moeilijk zijn om een monetaire waarde aan de data toe te kennen. Hoeveel kost het om de geschiedenis van de aankopen van een klant te verzamelen en te beheren? Hoeveel zou het kosten om die geschiedenis te reconstrueren als de data verloren zouden gaan?

Toch is het nuttig om monetaire waarde aan data toe te kennen, omdat het beslissingen over data onderbouwt en de basis vormt voor het begrijpen van de waarde van datamanagement-activiteiten.[5] Een benadering van de waardering van data is het definiëren van algemene kosten- en batencategorieën die consistent kunnen worden toegepast binnen een organisatie. Voorbeelden van categorieën zijn onder andere:

- Kosten voor het verkrijgen en opslaan van data
- Kosten voor het vervangen van data als deze verloren zijn gegaan
- Impact op de organisatie als er data ontbreken
- Potentiële kosten van risico's in verband met data
- Kosten van risicobeperking
- Kosten van het verbeteren van data

---

[5] Voor casestudies en voorbeelden, zie Aiken, Peter en Billings, Juanita. *Het monetariseren van datamanagement* (2014) en Laney, Douglas, *Infonomics: Hoe informatie te monetariseren, te beheren en te meten als een middel voor concurrentievoordeel* (2018).

- Voordelen van data van hogere kwaliteit
- Wat concurrenten zouden betalen voor data
- Waarvoor de data zouden kunnen worden verkocht
- Verwachte inkomsten uit innovatief gebruik van data

De waardering van databedrijfsmiddelen moet er ook uit bestaan dat de waarde van data contextueel is (d.w.z. wat van waarde is voor de ene organisatie mag niet van waarde zijn voor de andere) en vaak tijdelijk (d.w.z. wat gisteren waardevol was mag vandaag niet waardevol zijn). Desondanks zijn binnen een organisatie bepaalde soorten data, zoals klantdata, waarschijnlijk consistent waardevol in de tijd, dus de meeste organisaties richten zich eerst op het waarborgen van de kwaliteit van deze zeer kritische data.

DATAMANAGEMENT OMVAT HET BEHEER VAN DE DATALEVENSCYCLUS

Een van de redenen waarom mensen datamanagement verwarren met technologiemanagement is dat ze vaak maar op één plek data zien: de applicatie van waaruit ze toegang hebben. Ze herkennen niet dat data los kunnen staan van de applicaties waar ze zijn gemaakt of opgeslagen en dat data een levenscyclus hebben. De datalevenscyclus is gebaseerd op de productlevenscyclus. Hij is er op gericht om ervoor te zorgen dat data worden gecreëerd, verplaatst en onderhouden op een manier die het bruikbaar maakt voor de mensen en processen die het nodig hebben. Hoewel data en technologie met elkaar verweven zijn, moet de datalevenscyclus niet worden verward met de levenscyclus van systeemontwikkeling (SDLC), die zich richt op het op tijd en binnen het budget afronden van projecten. Conceptueel is de levenscyclus van de data gemakkelijk te beschrijven (zie figuur 4).

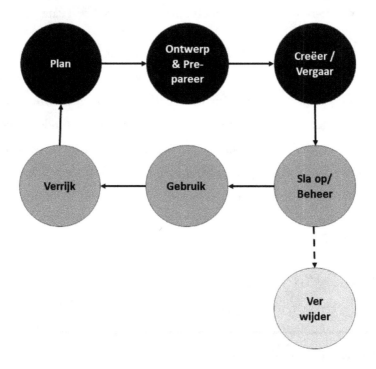

Figuur 4: De levenscyclus van de data (DMBOK2, p. 29)

Het omvat processen die data creëren of verkrijgen, verplaatsen, transformeren en opslaan en die het mogelijk maken om ze te onderhouden en te delen, en die data -die ze gebruiken of toepassen- alsook die data die ze weggooien.[6] De data zijn zelden statisch.

---

[6] McGilvray, 2008; Engels, 1999. DAMA's levenscyclusweergave is gebaseerd op McGilvray's formulering, POSMAD - Plan, Obtain, Store & Share, Maintain, Apply, Dispose - wat een zeer waardevol model is gebleken, vooral in de ruimte voor datakwaliteit.

Gedurende de gehele levenscyclus kunnen data worden opgeschoond, getransformeerd, samengevoegd, verbeterd of geaggregeerd. Data bewegen vaak horizontaal binnen de organisatie. Naarmate data worden gebruikt of verbeterd, worden nieuwe data gecreëerd, zodat de levenscyclus interne iteraties heeft en de 'zelfde' data in verschillende delen van een organisatie verschillende vereisten voor de levenscyclus kunnen hebben.

Complexiteit wordt toegevoegd aan het concept van de levenscyclus van de data door het feit dat verschillende soorten data verschillende eisen stellen aan de levenscyclus. Transactiedata kunnen bijvoorbeeld grotendeels worden gecontroleerd door het afdwingen van basisregels, terwijl masterdata curatie vereisen. Toch zijn sommige principes van toepassing op de datalevenscyclus:

- **Creatie en gebruik zijn de meest kritische punten in de datalevenscyclus**[7]: datamanagement moet worden uitgevoerd met inzicht in dataproductie of de manier waarop data worden gebruikt. Het kost geld om data te produceren. Data is alleen waardevol wanneer deze wordt gebruikt of toegepast.

- **De kwaliteit van de data moet gedurende de gehele datalevenscyclus worden beheerd**: Omdat de kwaliteit van de data kan worden beïnvloed door een reeks van gebeurtenissen in de levenscyclus, moet de kwaliteit worden

---

[7] McGilvray (2008) wijst erop dat er op alle punten in de levenscyclus van de data kosten zijn, maar dat er alleen waarde wordt gecreëerd als de data worden gebruikt. Zie ook Redman (2008).

gepland als onderdeel van de levenscyclus van de data. Het is geen add-on, of iets wat later 'gedaan' moet worden.

- **De kwaliteit van de metadata moet gedurende de gehele datalevenscyclus worden beheerd**: Metadata is een type data dat wordt gebruikt om andere data te beschrijven. Als zodanig is het cruciaal voor alle datamanagementfuncties. Metadata worden vaak gecreëerd als onderdeel van de levenscyclus van andere data en moeten worden gezien als een product (in plaats van een bijproduct) van die levenscyclus. De kwaliteit van metadata moet op dezelfde manier worden beheerd als de kwaliteit van andere data.

- **De databeveiliging moet gedurende de gehele datalevenscyclus worden beheerd**: Datamanagement omvat het waarborgen van de veiligheid van de data en het beperken van de risico's in verband met de data. Data die moeten worden beschermd, moeten worden beschermd gedurende de gehele levenscyclus, van de aanmaak tot de verwijdering.

- **De inspanningen op het gebied van datamanagement moeten gericht zijn op de meest kritische data**: Organisaties verwerken veel data, waarvan een groot deel nooit daadwerkelijk wordt gebruikt.[8] Proberen om elk stukje data te beheren is niet mogelijk en ook niet wenselijk.

---

[8] Cijfers verschillen, maar een snelle Google-zoekopdracht van "Welk percentage van de data wordt niet gebruikt? " produceert drie cijfers die enigszins schokkend zijn: 97% volgens Gartner (25 januari 2018), 85% volgens Veritas (15 maart 2016), en 73% volgens Inc.com (12 april 2018).

Levenscyclusmanagement vereist focus op de meest kritische data van een organisatie en het minimaliseren van data RVT (d.w.z. data die Redundant, Verouderd of Triviaal is).[9]

VERSCHILLENDE SOORTEN DATA HEBBEN VERSCHILLENDE VEREISTEN VOOR DE LEVENSCYCLUS

Het beheer van data wordt gecompliceerd door het feit dat verschillende soorten data verschillende eisen stellen aan het beheer van de levenscyclus. Data kunnen worden geclassificeerd naar de functie die ze dienen (bijv. transactiedata, referentiegegevens, stamgegevens, metadata; als alternatief kunnen categoriedata, brondata, gebeurtenisdata, gedetailleerde transactiedata), naar inhoud (bijv. datadomeinen, vakgebieden),   naar formaat of naar het beschermingsniveau dat de data vereisen. Data kunnen ook worden geclassificeerd op basis van hoe en waar ze zijn opgeslagen of toegankelijk zijn.

Omdat verschillende soorten data verschillende eisen stellen, met verschillende risico's gepaard gaan en verschillende rollen spelen binnen een organisatie, zijn veel van de instrumenten voor datamanagement gericht op aspecten van classificatie en controle.[10]

---

[9] Aiken, 2014.

[10] Bryce, 2005.

Zo hebben bijvoorbeeld masterdata een ander gebruik en dus andere managementeisen dan transactiedata.

METADATA MOETEN WORDEN BEHEERD ALS ONDERDEEL VAN DE DATALEVENSCYCLUS

Datamanagement-professionals zijn gepassioneerd door metadata, omdat ze beseffen hoe belangrijk het is. Toch is het een waarheid als een koe dat men nooit het woord *metadata* moet gebruiken wanneer men met leidinggevenden spreekt. "Zij zullen je glazig aankijken!" We leggen het hier wel uit, omdat bepaalde vormen van metadata niet alleen kritisch zijn voor het datamanagement - ze zijn essentieel. Je kunt geen data beheren zonder metadata.

Metadata bevatten een scala aan informatie die mensen in staat stellen om data en de systemen die data bevatten te begrijpen. Metadata beschrijven welke data een organisatie heeft, wat ze vertegenwoordigen, hoe ze geclassificeerd zijn, waar ze vandaan komen, hoe ze zich binnen de organisatie bewegen, hoe ze zich door gebruik ontwikkelen, wie ze wel en niet kan gebruiken, en of ze van hoge kwaliteit zijn.

De uitdaging is niet alleen dat je metadata nodig hebt om data te beheren, maar ook dat metadata een vorm van data is en als zodanig beheerd moet worden. Organisaties die hun data niet goed beheren, beheren hun metadata over het algemeen helemaal niet. Het antwoord op deze uitdaging is dat metadatamanagement vaak een beginpunt is voor verbeteringen in het totale datamanagement.

DATAMANAGEMENT WORDT VAAK VERWARD MET INFORMATIETECHNOLOGIE

Omdat bijna alle data vandaag de dag elektronisch worden opgeslagen, is datamanagement nauw verbonden met technologiemanagement. Ze moeten in relatie tot elkaar worden gezien, omdat beslissingen over technologie van invloed zijn op vele facetten van de manier waarop data worden beheerd. Maar datamanagement, dat zich richt op het waarborgen van de bruikbaarheid en betrouwbaarheid van de data zelf, verschilt van technologiemanagement, dat zich richt op het bouwen en onderhouden van infrastructuur, systemen en applicaties.

De twee zijn fundamenteel met elkaar verbonden door het feit dat deze systemen en applicaties vaak bedrijfsprocessen automatiseren die data verzamelen of creëren en verschillende technologische keuzes zullen verschillende beperkingen opleggen aan de data zelf. Zowel de eisen op het gebied van datamanagement als die op het gebied van technologiebeheer moeten geworteld zijn in bedrijfsprocessen die data creëren of gebruiken en in de behoeften van de mensen en processen die data gebruiken.

In veel organisaties is er een voortdurende spanning tussen de drang om nieuwe technologie te bouwen en de wens om meer betrouwbare data te hebben - alsof de twee tegenover elkaar staan in plaats van noodzakelijk zijn voor elkaar. Succesvol datamanagement vereist goede beslissingen over technologie, maar het beheren van technologie is niet hetzelfde als het beheren van data. Organisaties moeten de impact van technologie op data begrijpen, om te voorkomen dat technologische verleiding hun beslissingen over data beïnvloedt. In plaats daarvan moeten datavereisten, die zijn afgestemd op de bedrijfsstrategie, de beslissingen over technologie aansturen.

DATAMANAGEMENT VEREIST EEN SCALA AAN VAARDIGHEDEN

Datamanagement omvat een reeks onderling verbonden processen die zijn afgestemd op de levenscyclus van de data. Hoewel veel organisaties datamanagement zien als een informaticafunctie, vereist het eigenlijk een breed scala aan mensen met uiteenlopende vaardigheden die in verschillende delen van een organisatie werken. Datamanagement is een complex proces, omdat het in de hele organisatie wordt uitgevoerd. Data wordt op verschillende plaatsen in een organisatie beheerd door teams die verantwoordelijk zijn voor verschillende fasen van de datalevenscyclus. Datamanagement vereist:

- Bedrijfsprocesvaardigheden om de creatie van betrouwbare data te begrijpen en te plannen

- Ontwerpvermogen om te plannen voor systemen waar data worden opgeslagen of gebruikt

- Zeer technische vaardigheden om hardware te beheren en software te bouwen waar data worden onderhouden

- Vaardigheden op het gebied van data-analyse om inzicht te krijgen in problemen die in de data worden ontdekt

- Analytische vaardigheden om data te interpreteren en toe te passen op nieuwe problemen

- Taalvaardigheden om consensus te brengen in definities en modellen, zodat mensen de data kunnen begrijpen

- Strategisch denken om mogelijkheden te zien om data te gebruiken om klanten te bedienen en doelen te bereiken

De uitdaging is om mensen met dit scala aan vaardigheden en perspectieven te laten herkennen hoe de stukken in elkaar passen en hoe hun werk zich kruist met het werk van andere delen van de organisatie zodat ze succesvol kunnen samenwerken en gemeenschappelijke doelen kunnen bereiken.

DATAMANAGEMENT VEREIST EEN ONDERNEMINGSPERSPECTIEF

De voetafdruk van datamanagement is zo groot als de organisatie die data creëert en gebruikt. Data is een van de 'horizontalen' van een organisatie. Het beweegt zich over verticalen heen, zoals sales, marketing en operations. Of in ieder geval zou het dat moeten zijn. Idealiter zouden data moeten worden beheerd vanuit een ondernemingsperspectief. Het is echter een uitdaging om naar een ondernemingsperspectief te gaan.

De meeste organisaties splitsen het werk op naar business units of functies, die elk hun eigen applicaties kunnen ontwikkelen om het werk uit te voeren. Omdat data vaak eenvoudigweg worden gezien als een bijproduct van operationele processen (bijvoorbeeld verkooptransactieregisters zijn het bijproduct van het verkoopproces, niet een doel op zich), is het niet altijd gepland voor meer dan de onmiddellijke behoefte. Het kan zelfs niet worden herkend als iets dat andere mensen en processen gebruiken.

Tenzij er normen voor bedrijfsdata worden vastgesteld en afgedwongen, zullen er verschillen zijn in de manier waarop data op verschillende gebieden worden gedefinieerd en gecreëerd. Neem bijvoorbeeld iets dat zo eenvoudig lijkt als een sofi-nummer (BSN). Als de ene applicatie BSN als een numerieke waarde vastlegt en de andere in een tekstveld, zullen de BSN-data anders worden geformatteerd. Dit kan leiden tot problemen zoals het laten vallen van voorloopnullen op BSN's. Formatteringsverschillen, verschillen in de korrelgrootte van de data en verschillen in welke attributen verplicht zijn om vast te leggen - al deze verschillen vormen een belemmering voor de integratie van data vanuit verschillende toepassingen. Obstakels voor integratie beperken de waarde die een organisatie uit haar data kan halen.

Organisaties die data bekijken als een product dat ze creëren of kopen, zullen betere beslissingen nemen over hoe ze deze gedurende de hele levenscyclus zullen beheren. Deze beslissingen vereisen erkenning:

- De manieren waarop data bedrijfsprocessen met elkaar verbinden die anders als gescheiden zouden kunnen worden gezien

- De relatie tussen bedrijfsprocessen en de technologie die deze ondersteunt

- Het ontwerp en de architectuur van systemen en de data die ze produceren en opslaan

- De manieren waarop data kunnen worden gebruikt om de organisatiestrategie te bevorderen

Het plannen van betere data vereist een strategische benadering van de architectuur, de modellering en andere ontwerpfuncties. Het hangt ook af van de strategische samenwerking tussen de business en het IT-leiderschap. En het vereist natuurlijk het vermogen om individuele projecten effectief uit te voeren. De uitdaging is dat er meestal organisatorische druk is, maar ook de blijvende druk van tijd en geld, die een betere planning in de weg staat. Organisaties moeten bij de uitvoering van hun strategie een evenwicht zien te vinden tussen lange- en kortetermijndoelstellingen. Duidelijkheid over de afwegingen leidt tot betere beslissingen.

WAT U MOET WETEN

- Data zijn een waardevol bezit, maar vormen ook een risico. Een organisatie kan de waarde van haar data beginnen te begrijpen door zowel de kosten van lage- kwaliteitsdata als de voordelen van hoogwaardige data te onderkennen.

- Data hebben unieke eigenschappen die het uitdagend maken om deze te beheren.

- De beste aanpak om deze uitdagingen aan te gaan is het beheren van data over de gehele levenscyclus en het hanteren van een ondernemingsperspectief.

- Het niet beheren van de datalevenscyclus is kostbaar, hoewel veel kosten verborgen zijn.

- Het beheren van data over de gehele levenscyclus vereist planning, vaardigheid en teamwork.

HOOFDSTUK 3

DAMA's Datamanagement Principes

Het beheer van data brengt unieke uitdagingen met zich mee die verband houden met de aard van de data zelf. Zelfs met zijn unieke kenmerken deelt datamanagement nog steeds kenmerken met andere vormen van management. Het gaat erom te weten welke data een organisatie heeft en wat ermee kan worden bereikt, en vervolgens te bepalen hoe de data het best kunnen worden gebruikt om de doelstellingen van de organisatie te bereiken. Net als andere managementprocessen moet het een evenwicht vinden tussen strategische en operationele behoeften. Het moet ook rekening houden met de unieke eigenschappen van data die in hoofdstuk 2 worden besproken. Om organisaties te helpen deze balans te vinden, heeft DAMA een set van principes ontwikkeld die de uitdagingen van datamanagement erkennen en die helpen de praktijk van datamanagement te sturen. Op het hoogste niveau komen deze principes neer op vier beweringen (zie figuur 5) die we in dit hoofdstuk zullen bespreken:

- Data zijn waardevol
- Eisen op het gebied van datamanagement zijn eisen van de organisatie
- Datamanagement is afhankelijk van diverse vaardigheden
- Datamanagement is levenscyclusbeheer

De DAMA-principes voor datamanagement bieden zijn een hulpmiddel om te begrijpen hoe uw organisatie haar data beheert. Nadat we hun implicaties hebben bekeken, zullen we ze bekijken in de context van de volwassenheid van het datamanagement. Een volwassenheidsmodel definieert een progressie van toenemende controle over een set van processen. Wanneer een organisatie inzicht krijgt in de proceskenmerken, kan zij een plan opstellen om haar vaardigheden te verbeteren. Het kan ook verbetering meten en zichzelf vergelijken met concurrenten of partners, geleid door de niveaus van het model. Datamanagement volwassenheidsmodellen beschrijven details van datamanagement processen die gebruikt kunnen worden voor dit type evaluatie. We komen terug op het concept van datamanagement volwassenheid in hoofdstuk 12 wanneer we bespreken hoe we de huidige staat van uw organisatie kunnen beoordelen.

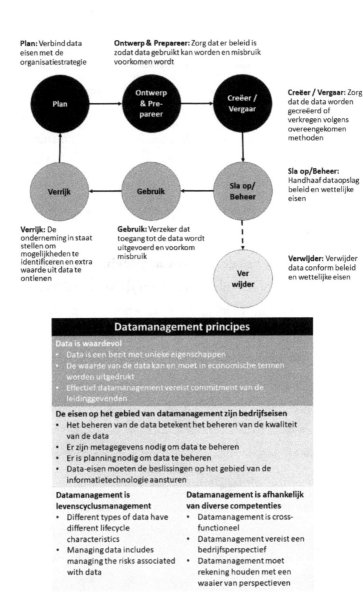

Plan: Verbind data eisen met de organisatiestrategie

Ontwerp & Prepareer: Zorg dat er beleid is zodat data gebruikt kan worden en misbruik voorkomen wordt

Creëer / Vergaar: Zorg dat de data worden gecreëerd of verkregen volgens overeengekomen methoden

Sla op/Beheer: Handhaaf dataopslag beleid en wettelijke eisen

Verrijk: De onderneming in staat stellen om mogelijkheden te identificeren en extra waarde uit data te ontlenen

Gebruik: Verzeker dat toegang tot de data wordt uitgevoerd en voorkom misbruik

Verwijder: Verwijder data conform beleid en wettelijke eisen

Datamanagement principes

Data is waardevol
- Data is een bezit met unieke eigenschappen
- De waarde van de data kan en moet in economische termen worden uitgedrukt
- Effectief datamanagement vereist commitment van de leidinggevenden

De eisen op het gebied van datamanagement zijn bedrijfseisen
- Het beheren van de data betekent het beheren van de kwaliteit van de data
- Er zijn metagegevens nodig om data te beheren
- Er is planning nodig om data te beheren
- Data-eisen moeten de beslissingen op het gebied van de informatietechnologie aansturen

Datamanagement is levenscyclusmanagement
- Different types of data have different lifecycle characteristics
- Managing data includes managing the risks associated with data

Datamanagement is afhankelijk van diverse competenties
- Datamanagement is cross-functioneel
- Datamanagement vereist een bedrijfsperspectief
- Datamanagement moet rekening houden met een waaier van perspectieven

Figuur 5: Datamanagement Principes (Aangepast van DMBOK2, p. 22)

DATA ZIJN WAARDEVOL

- **Data is een troef met unieke eigenschappen**: Data zijn een bezit, maar ze verschillen in belangrijke opzichten van andere bedrijfsmiddelen die een invloed hebben op de manier waarop ze worden beheerd. De meest voor de hand liggende van deze eigenschappen is dat data niet worden verbruikt wanneer ze worden gebruikt, net als financiële en fysieke bedrijfsmiddelen.

- **De waarde van de data kan en moet in economische termen worden uitgedrukt**: Data als bedrijfsmiddel benoemen houdt in dat het waarde heeft. Hoewel er technieken bestaan om de kwalitatieve en kwantitatieve waarde van de data te meten, zijn er nog geen normen om dit te doen. Organisaties die betere beslissingen willen nemen over hun data moeten consistente manieren ontwikkelen om die waarde te kwantificeren. Ze moeten ook de kosten van data van lage kwaliteit en de voordelen van data van hoge kwaliteit meten.

- **Effectief datamanagement vereist leiderschap**: Datamanagement omvat een complex geheel van processen die, om effectief te zijn, coördinatie, samenwerking en commitment vereisen. Om daar te komen zijn niet alleen managementvaardigheden nodig, maar ook de visie en het doel dat voortkomt uit toegewijd leiderschap.

Eisen op het gebied van datamanagement zijn eisen van de organisatie

- **Het beheren van data betekent het beheren van de kwaliteit van de data**: Ervoor zorgen dat de data geschikt is voor het doel is een primair doel van datamanagement. Om de kwaliteit te beheren, moeten organisaties ervoor zorgen dat ze de eisen van de stakeholders voor kwaliteit begrijpen en de data meten aan deze eisen.

- **Er is metadata nodig om data te beheren**: Voor het beheer van een bedrijfsmiddel is het nodig om data over dat bedrijfsmiddel te hebben (aantal werknemers, boekhoudcodes, enz.). De data die worden gebruikt om data te beheren en te gebruiken, worden metadata genoemd. Omdat data niet kunnen worden vastgehouden of aangeraakt, is voor het begrijpen van wat het is en hoe het te gebruiken een definitie en kennis in de vorm van Metadata nodig. Metadata komt voort uit een reeks van processen met betrekking tot het creëren, verwerken en gebruiken van data, waaronder architectuur, modellering, stewardship, governance, datakwaliteitsmanagement, systeemontwikkeling, IT en bedrijfsvoering, en analyse.

- **Er is planning nodig om data te beheren**: Zelfs kleine organisaties kunnen complexe technische en zakelijke proceslandschappen hebben. Data worden op veel plaatsen aangemaakt en worden voor gebruik verplaatst. Om het werk te coördineren en de eindresultaten op elkaar af te stemmen is planning nodig vanuit een architectonisch en procesmatig perspectief.

- **De eisen op het gebied van datamanagement moeten bepalend zijn voor de beslissingen op het gebied van informatietechnologie**: Data- en datamanagement zijn sterk verweven met informatietechnologie en informatietechnologiemanagement. Het beheer van data vereist een aanpak die ervoor zorgt dat de technologie de strategische databehoeften van een organisatie dient, in plaats van ze te sturen.

DATAMANAGEMENT IS LEVENSCYCLUSBEHEER

- **Datamanagement is levenscyclusbeheer**: Data hebben een levenscyclus en het beheer van data vereist het beheer van de levenscyclus. Omdat data meer data opbrengt, kan de levenscyclus van data zelf zeer complex zijn. Datamanagementprocessen moeten rekening houden met de evoluerende levenscyclus van data.

- **Verschillende soorten data hebben verschillende kenmerken van de levenscyclus**: En daarom hebben ze verschillende managementvereisten. Datamanagement processen moeten deze verschillen herkennen en flexibel genoeg zijn om aan verschillende soorten datalevenscyclus eisen te voldoen.

- **Het beheer van data omvat het beheer van de risico's die verbonden zijn aan de data**: Naast het feit dat data een

bedrijfsmiddel zijn, vormen ze ook een risico voor een
organisatie. Data kunnen verloren gaan, gestolen worden of
misbruikt worden. Organisaties moeten rekening houden
met de ethische implicaties van hun gebruik van data.
Datagerelateerde risico's moeten worden beheerd als
onderdeel van de levenscyclus van data.

DATAMANAGEMENT IS AFHANKELIJK VAN DIVERSE VAARDIGHEDEN

- **Datamanagement is cross-functioneel:** Een enkel team kan
  niet alle data van een organisatie beheren. Dat vereist een
  scala aan vaardigheden en expertise. Datamanagement vereist
  zowel technische als niet-technische vaardigheden en het
  vermogen om samen te werken.

- **Datamanagement vereist een ondernemingsperspectief:**
  Datamanagement heeft lokale toepassingen, maar moet in de
  hele onderneming worden toegepast om zo effectief mogelijk
  te zijn. Dit is een van de redenen waarom datamanagement
  en data governance met elkaar verweven zijn.

- **Het datamanagement moet rekening houden met een
  scala aan perspectieven:** Data zijn vloeiend en veranderen.
  Het datamanagement moet voortdurend evolueren om
  gelijke tred te houden met de manier waarop data worden
  gecreëerd en gebruikt en met de datagebruikers die ze
  gebruiken.

Principes voor Datamanagement en Volwassenheid van Datamanagement

U begrijpt nu het belang van datamanagement, de uitdagingen van datamanagement en de principes van datamanagement. Uw organisatie past ongetwijfeld een aantal van deze principes toe, want ze volgt ongetwijfeld een aantal van de werkwijzen die in de komende hoofdstukken zullen worden beschreven. Maar tenzij de organisatie haar bewustzijn verhoogt door middel van een niveau van zelfevaluatie, is het onwaarschijnlijk dat ze in staat is om haar werkwijzen te verbeteren.

Een vaardighedenonderzoek, ook bekend als capability maturity assessment is een zeer goed middel om dit doel te bereiken. Capability Maturity Assessment is een procesverbeteringsaanpak op basis van een raamwerk - een Capability Maturity Model - dat beschrijft hoe kenmerken van een proces van ad hoc naar optimaal evolueren.[11]

Met elk nieuw niveau wordt de procesuitvoering consistenter, voorspelbaarder en betrouwbaarder. Processen verbeteren naarmate ze kenmerken van de niveaus aannemen. De voortgang gebeurt in een vaste volgorde. Geen enkel niveau kan worden overgeslagen. Niveaus omvatten vaak:

- Niveau 0 Ontbreken van vaardigheden

---

[11] Zie Paulk, Mark C. "A history of the Capability Maturity Model for Software." https://bit.ly/2HTuIK6.

- Niveau 1 Initieel of ad hoc: het succes hangt af van de competentie van de personen.

- Niveau 2 Herhaalbaar: Minimale procesdiscipline is aanwezig

- Niveau 3 gedefinieerd: Normen worden vastgesteld en gebruikt

- Niveau 4 Beheerd: Processen worden gekwantificeerd en gecontroleerd

- Niveau 5 Geoptimaliseerd: Procesverbeteringsdoelen worden gekwantificeerd

Binnen elk niveau worden de criteria over de proceskenmerken heen beschreven. Zo kan een volwassenheidsmodel criteria bevatten met betrekking tot de wijze waarop processen worden uitgevoerd, inclusief het automatiseringsniveau van die processen. Het kan zich richten op beleid en controles, maar ook op procesdetails. Een dergelijke beoordeling helpt bij het identificeren van wat goed werkt, wat niet goed werkt en waar een organisatie hiaten heeft.

De rijping van het gebruik van datamanagement principes zou kunnen vorderen zoals geïllustreerd in Figuur 6, waar een organisatie van beperkte kennis van datamanagement principes overgaat naar een toestand waarin de principes drijfveren worden voor organisatieverbetering.

Een Datamanagement Maturity Assessment (DMMA) kan worden gebruikt om het datamanagement in zijn geheel te evalueren, of het kan worden gebruikt om zich te richten op één enkel functioneel of kennisgebied, of zelfs één enkel proces of idee (zoals de mate waarin een organisatie zich houdt aan de principes van datamanagement).

Wat de focus ook is, een DMMA kan helpen de kloof te overbruggen tussen het organisatie en het IT-perspectief op de gezondheid en de effectiviteit van datamanagementprocessen. Een DMMA biedt een gemeenschappelijke taal om weer te geven hoe de voortgang er over de verschillende datamanagementfuncties heen uitziet en biedt een op stappen gebaseerd pad naar verbetering dat kan worden afgestemd op de strategische prioriteiten van een organisatie. Zo kan het worden gebruikt om zowel de organisatiedoelstellingen te bepalen als te meten, en om de eigen organisatie te vergelijken met andere organisaties of industriebenchmarks.

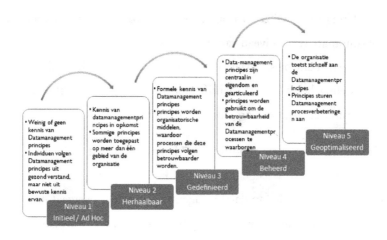

Figuur 6: Volwassenheidsmodel voor de toepassing van de Datamanagement Principes (aangepast uit DMBOK2, hoofdstuk 15)

WAT U MOET WETEN

- De DAMA-principes voor datamanagement zijn ontwikkeld als antwoord op de uitdagingen die het beheer van data met zich meebrengt.

- De principes stellen een organisatie in staat om een meer strategische benadering te hanteren bij het beheer van data.

- De principes kunnen worden gebruikt om beleid te formuleren, procedures te definiëren en strategische beslissingen mogelijk te maken.

- Personeel dat betrokken is bij elk aspect van datamanagement moet vertrouwd zijn met deze beginselen en ze kunnen toepassen op het werk waarvoor zij verantwoordelijk zijn.

- DAMA's datamanagement principes kunnen ook worden gebruikt in combinatie met een Datamanagement Maturity Assessment om de huidige staat van de organisatie te begrijpen en een roadmap voor verbetering te definiëren.

HOOFDSTUK 4

Dataethiek

Ethiek principes van gedrag zijn gebaseerd op ideeën van goed en kwaad. Ethische principes richten zich vaak op ideeën zoals eerlijkheid, respect, verantwoordelijkheid, integriteit, rechtvaardigheid, kwaliteit, betrouwbaarheid, transparantie en vertrouwen. De ethiek van de dataverwerking heeft betrekking op de manier waarop data worden ingekocht, opgeslagen, beheerd, gebruikt en verwijderd op een manier die in overeenstemming is met de ethische principes. Met andere woorden: ethiek gaat over de juiste dingen doen met data en het voorkomen dat data gebruikt wordt voor verkeerde dingen, zelfs als niemand kijkt. Het op ethische wijze omgaan met data - niet alleen het beheren ervan, maar ook het gebruik ervan en het delen met andere entiteiten - is noodzakelijk voor het succes op lange termijn van elke organisatie die waarde wil halen uit haar data. Onethische omgang met data kan leiden tot reputatieschade en klantenverlies, omdat het mensen waarvan de data worden blootgelegd, in gevaar brengt. In sommige gevallen zijn onethische praktijken ook illegaal.[12] Gezien het verband tussen het recht op privacy en andere mensenrechten is dataethiek ook een kwestie van maatschappelijke verantwoordelijkheid.[13]

In dit hoofdstuk wordt het belang van de ethische omgang met data besproken. Het gaat over:

- Waarom het belangrijk is om data ethisch te beheren
- De principes die ten grondslag liggen aan ethische dataverwerking
- De voordelen van een ethische benadering van datamanagement

---

[12] HIPAA (Health Insurance Portability and Accountability Act) in de VS, PIPEDA (Personal Information Protection and Electronic Documents Act) in Canada, de EU General Data Protection Regulation (GDPR), Algemene verordening databescherming (AVG) en andere databeschermings-/informatie-veiligheidswetten beschrijven de verplichtingen ten aanzien van de verwerking van persoonsdata (bv. naam, adres, religieuze overtuiging of seksuele geaardheid) en privacy (toegang tot of beperking van deze informatie).

[13] De kwestie van de dataethiek is niet alleen onderzocht met betrekking tot de privacy, maar ook met betrekking tot het gebruik van data om de uitkomsten van politieke processen te beïnvloeden. Zie Nicholas Confessore en Danny Hakim, 6 maart 2017. "Data Firm zegt 'Secret Sauce' hielp Trump; Many Scoff. *New York Times*. 6 maart 2017. https://nyti.ms/2J2aDx2; en Barb Darrow, "Is Big Data dodelijk voor de democratie? "*Fortune Magazine*, 15 september 2017. Of, gewoon googelen: Is Big Data de democratie aan het doden?

• Hoe een ethische benadering van datamanagement tot stand
te brengen

ETHIEK EN DATAMANAGEMENT

De kernbegrippen van ethiek voor een datacenter:

• **Gevolgen voor de mensen**: Data vertegenwoordigen vaak
kenmerken van individuele mensen (klanten, werknemers,
patiënten, leveranciers, enz.) en worden gebruikt om
beslissingen te nemen die van invloed zijn op het leven van
mensen. De ethiek vereist dat data alleen worden gebruikt op
manieren die de menselijke waardigheid behouden.[14]

• **Potentieel voor misbruik**: Misbruik van data kan negatieve
gevolgen hebben voor mensen en organisaties. Dit leidt tot
een ethische verplichting om misbruik van data te
voorkomen, met name door acties die schadelijk zijn voor het
grotere geheel.

---

[14] De geaccepteerde principes van de bio-ethiek, die zich richten op het behoud van de
menselijke waardigheid, vormen een goed algemeen uitgangspunt voor de principes
van de dataethiek. Zo kunnen bijvoorbeeld de Belmont Principles for medical
research worden aangepast in Information Management disciplines (US-HSS,
1979). Deze principes omvatten: respect voor personen, de fundamentele ethische
eis dat mensen worden behandeld op een manier die hun waardigheid en
autonomie als menselijk individu respecteert; weldoen, het principe om ten eerste
geen schade te berokkenen en ten tweede om mogelijke voordelen te maximaliseren
en mogelijke schade te minimaliseren; en rechtvaardigheid, het principe om een
eerlijke en rechtvaardige behandeling van mensen te garanderen.

- **Economische waarde van data**: Data hebben economische
  waarde. De ethiek van het eigendom van de data moet
  bepalen hoe en door wie deze waarde kan worden
  opgevraagd.

Organisaties beschermen data grotendeels op basis van wet- en regelgeving. Omdat data echter effect hebben op mensen, moeten datamanagementprofessionals erkennen dat er ethische (maar ook juridische) redenen zijn om data te beschermen en ervoor zorgen dat ze niet worden misbruikt. Zelfs data die niet direct betrekking hebben op individuen, bijvoorbeeld data over de toegankelijkheid of distributie van middelen, kunnen nog steeds worden gebruikt om beslissingen te nemen die van invloed zijn op het leven van mensen.

Er is een ethische verplichting om data niet alleen te beschermen, maar ook om de kwaliteit ervan te beheren. Mensen die beslissingen nemen, maar ook degenen die door beslissingen worden beïnvloed, verwachten dat de data volledig en accuraat zijn, zodat ze een goede basis voor beslissingen hebben. Zowel vanuit zakelijk als technisch oogpunt hebben datamanagementprofessionals een ethische verantwoordelijkheid om data te beheren op een manier die het risico verkleint dat ze verkeerd worden weergegeven, misbruikt of begrepen. Deze verantwoordelijkheid strekt zich uit over de gehele levenscyclus van de data, van de creatie tot de vernietiging van de data.

Helaas zijn er veel organisaties die de ethische verplichtingen die inherent zijn aan datamanagement niet erkennen en er niet op reageren. Ze kunnen een traditioneel technisch perspectief hanteren en belijden dat ze de data niet begrijpen. Of ze gaan ervan uit dat als ze zich aan de letter van de wet houden, ze geen risico's hebben met betrekking tot de omgang met data. Dit is een gevaarlijke veronderstelling. De dataomgeving evolueert snel. Organisaties gebruiken data op een manier die ze zich een paar jaar geleden nog niet hadden kunnen voorstellen. Analytics kan dingen leren van data die veel mensen nog steeds niet voor mogelijk houden.[15]

Hoewel wetten een aantal ethische beginselen codificeren, kan de wetgeving de risico's van de ontwikkeling van de dataomgeving niet bijbenen. Organisaties moeten hun ethische verplichting om de aan hen toevertrouwde data te beschermen, erkennen en er op reageren door een cultuur te bevorderen en in stand te houden die de ethische omgang met informatie waardeert.

---

[15] Tal van recente boeken beschrijven de mate waarin Data Science-technieken zijn gebruikt om politieke en economische processen op mogelijk onethische wijze te beïnvloeden. Zie bijvoorbeeld Stephens-Davidowitz, Seth. *Iedereen liegt: Big Data, nieuwe data en wat het internet ons kan vertellen over wie we werkelijk zijn.* O'Neil, Cathy. *Wapens van de wiskunde vernietiging: Hoe Big Data de ongelijkheid verhoogt en de democratie bedreigt.* En Schneier, Bruce. *Data en Goliath: De verborgen gevechten om uw data te verzamelen en uw wereld te controleren.* (Norton, 2015.) Het potentieel om data te misbruiken heeft altijd bestaan. Zie Darell Huff's 1954 klassieker *How to Lie with Statistics.* Maar in de wereld van vandaag heeft de vaardigheid om data te verzamelen en te analyseren het risico op misbruik met aanzienlijke sociale implicaties aanzienlijk vergroot.

ETHISCHE PRINCIPES DIE TEN GRONDSLAG LIGGEN AAN DE PRIVACYREGULERING

Het overheidsbeleid en het recht proberen goed en kwaad te codificeren op basis van ethische principes. Maar ze kunnen niet elke omstandigheid codificeren. De privacywetgeving in de Europese Unie, Canada en de Verenigde Staten laat bijvoorbeeld verschillende benaderingen zien van het codificeren van de ethiek van data. Deze principes kunnen ook een kader bieden voor het beleid van de organisatie. De beginselen die ten grondslag liggen aan de algemene verordening inzake databescherming van de EU (GDPR) en van Nederland (AVG) zijn onder meer:

- **Eerlijkheid, rechtmatigheid, transparantie**: Persoonsdata worden rechtmatig, eerlijk en transparant ten opzichte van de betrokkene verwerkt.

- **Doelbegrenzing**: Persoonsdata moeten voor welbepaalde, uitdrukkelijk omschreven en gerechtvaardigde doeleinden worden verzameld en mogen niet worden verwerkt op een wijze die onverenigbaar is met die doeleinden.

- **Data Minimalisatie**: Persoonsdata moeten adequaat en relevant zijn en beperkt blijven tot wat nodig is in verband met de doeleinden waarvoor ze worden verwerkt.

- **Nauwkeurigheid**: Persoonlijke data moeten nauwkeurig zijn en waar nodig worden bijgewerkt. Alle redelijke maatregelen moeten worden genomen om ervoor te zorgen dat persoonsdata die onnauwkeurig zijn ... onverwijld worden gewist of gecorrigeerd.

- **Opslagbeperking**: Data moeten worden bewaard in een vorm die het mogelijk maakt de betrokkenen [personen] te identificeren, maar niet langer dan nodig is voor de doeleinden waarvoor de persoonsdata worden verwerkt.

- **Integriteit en vertrouwelijkheid**: De data moeten worden verwerkt op een wijze die een passende beveiliging van de persoonsdata waarborgt, met inbegrip van bescherming tegen ongeoorloofde of onwettige verwerking en tegen onopzettelijk verlies, vernietiging of beschadiging, door middel van passende technische of organisatorische maatregelen.

- **Verantwoording afleggen**: Datacontroleurs zijn verantwoordelijk voor, en kunnen aantonen dat deze beginselen worden nageleefd.

De AVG-beginselen zijn evenwichtig en ondersteunen bepaalde gekwalificeerde rechten van personen op hun data, waaronder het recht op toegang tot, rectificatie van onjuiste data, overdraagbaarheid, het recht om bezwaar te maken tegen de verwerking van persoonsdata die schade of leed kunnen veroorzaken, en het recht om deze data te wissen. Wanneer persoonsdata worden verwerkt op basis van toestemming, moet die toestemming een vrij gegeven, specifieke, geïnformeerde en ondubbelzinnige handeling zijn. De AVG vereist een effectief bestuur en documentatie om naleving mogelijk te maken en aan te tonen en schrijft Privacy by Design voor.

De Canadese privacywetgeving combineert een uitgebreid regime van privacybescherming met zelfregulering door de industrie. PIPEDA (Personal Information Protection and Electronic Documents Act) is van toepassing op elke organisatie die persoonlijke informatie verzamelt, gebruikt en verspreidt in het kader van commerciële activiteiten. Het bepaalt regels, met uitzonderingen, die organisaties moeten volgen in hun gebruik van de persoonlijke informatie van consumenten. Wettelijke verplichtingen op basis van PIPEDA zijn onder meer:[16]

- **Verantwoording afleggen**: Een organisatie is verantwoordelijk voor persoonlijke informatie die onder haar controle staat en moet een persoon aanwijzen die verantwoordelijk is voor de naleving van het principe door de organisatie.

- **Identificeren van doelen**: Een organisatie moet de doeleinden identificeren waarvoor persoonlijke informatie wordt verzameld op of voor het moment dat de informatie wordt verzameld.

- **Toestemming**: Een organisatie moet de kennis en toestemming van het individu verkrijgen voor het verzamelen, gebruiken of openbaar maken van persoonlijke informatie, behalve wanneer dit niet gepast is.

- **Beperking van de inzameling, het gebruik, de openbaarmaking en de bewaring**: Het verzamelen van persoonlijke informatie moet worden beperkt tot hetgeen

---

[16] https://bit.ly/2tNM53c.

noodzakelijk is voor de door de organisatie vastgestelde doeleinden. De informatie moet met eerlijke en wettige middelen worden verzameld. Persoonlijke informatie mag niet worden gebruikt of openbaar gemaakt voor andere doeleinden dan die waarvoor deze is verzameld, behalve met toestemming van het individu of zoals vereist door de wet. Persoonsdata worden slechts zolang bewaard als nodig is voor de verwezenlijking van die doeleinden.

- **Nauwkeurigheid**: Persoonlijke informatie moet zo nauwkeurig, volledig en actueel zijn als nodig is voor het doel waarvoor ze wordt gebruikt.

- **Veiligheidscontrole**: Persoonlijke informatie moet worden beschermd met veiligheidswaarborgen die zijn afgestemd op de gevoeligheid van de informatie.

- **Openheid**: Een organisatie moet specifieke informatie over haar beleid en werkwijzen met betrekking tot het beheer van hun persoonlijke informatie direct beschikbaar stellen aan individuen.

- **Individuele toegang**: Op verzoek wordt een persoon op de hoogte gesteld van het bestaan, het gebruik en de openbaarmaking van zijn of haar persoonlijke informatie en krijgt hij of zij toegang tot die informatie. Een persoon moet de juistheid en volledigheid van de informatie kunnen betwisten en deze waar nodig kunnen laten wijzigen.

- **Uitdagingen op het gebied van naleving**: Een persoon moet in staat zijn een uitdaging met betrekking tot de naleving van de bovenstaande principes aan te gaan met de aangewezen persoon of personen die verantwoordelijk zijn voor de naleving van de organisatie.

In maart 2012 heeft de Amerikaanse Federal Trade Commission (FTC) een rapport uitgebracht waarin organisaties worden aanbevolen hun eigen privacyprogramma's te ontwerpen en te implementeren op basis van de in het rapport beschreven best practices (d.w.z. Privacy by Design). Het rapport bevestigt opnieuw de focus van de FTC op eerlijke informatieverwerkingsprincipes:

- **Bekendmaking / Bewustwording**: Verzamelaars van data moeten hun informatieverwerkende processen bekendmaken voordat zij persoonlijke informatie van consumenten verzamelen.

- **Keuze / Toestemming**: Consumenten moeten de mogelijkheid krijgen om te kiezen of en hoe de persoonlijke informatie die van hen wordt verzameld, kan worden gebruikt voor andere doeleinden dan die waarvoor de informatie is verstrekt.

- **Toegang / deelname**: Consumenten moeten de mogelijkheid hebben om de juistheid en volledigheid van de over hen verzamelde data in te zien en te betwisten.

- **Integriteit / Veiligheid**: Verzamelaars van data moeten redelijke stappen ondernemen om ervoor te zorgen dat de informatie die van consumenten wordt verzameld, accuraat is en beveiligd is tegen ongeoorloofd gebruik.

- **Handhaving / Verhaal**: Het gebruik van een betrouwbaar mechanisme om sancties op te leggen voor het niet naleven van de principes.

Er is een wereldwijde trend naar een toenemende wettelijke bescherming van de persoonlijke levenssfeer, waarbij de normen van de EU-wetgeving worden gevolgd. Wetten over de hele wereld leggen verschillende soorten beperkingen op aan het verkeer van data over internationale grenzen heen. Zelfs binnen een multinationale organisatie zullen er wettelijke grenzen zijn aan het wereldwijd delen van informatie. Het is daarom belangrijk dat organisaties beleid en richtlijnen hebben die het personeel in staat stellen de wettelijke eisen te volgen en data te gebruiken binnen de risicobereidheid van de organisatie.

ETHIEK EN CONCURRENTIEVOORDEEL

Organisaties erkennen steeds meer dat een ethische benadering van het gebruik van data een competitief zakelijk voordeel is.[17] Ethische dataverwerking kan de betrouwbaarheid van een organisatie en de data- en procesresultaten van de organisatie verhogen. Dit kan leiden tot betere relaties tussen de organisatie en haar stakeholders. Het creëren van een ethische cultuur houdt in dat er een goed bestuur wordt ingevoerd, met inbegrip van het instellen van controles om ervoor te zorgen dat zowel de beoogde als de daaruit voortvloeiende

---

[17] Hasselbalch & Tranberg, 2016.

resultaten van de dataverwerking ethisch verantwoord zijn en geen inbreuk maken op het vertrouwen of de menselijke waardigheid.

Dataverwerking gebeurt niet in een vacuüm. Er zijn sterke zakelijke redenen om ethisch met data om te gaan:

- **Verwachtingen van de belanghebbenden**: Klanten en andere stakeholders verwachten ethisch gedrag en resultaten van bedrijven en hun dataprocessen.

- **Risicobeheer**: Het verminderen van het risico dat data waarvoor de organisatie verantwoordelijk is, worden misbruikt door medewerkers, klanten of partners is een primaire reden om ethische principes voor de omgang met data te cultiveren.

- **Het voorkomen van misbruik**: Er is ook een ethische verantwoordelijkheid om data te beveiligen tegen criminelen (d.w.z. te beschermen tegen hacken en potentiële datastranden).

- **Met respect voor het eigendomsrecht**: Verschillende modellen van data-eigendom beïnvloeden de ethiek van de dataverwerking. Zo heeft de technologie het vermogen van organisaties om data met elkaar te delen verbeterd. Dit vermogen betekent dat organisaties ethische beslissingen moeten nemen over hun verantwoordelijkheid voor het delen van data die niet van hen zijn.

De opkomende rollen van Chief Data Officer, Chief Risk Officer, Chief Privacy Officer en Chief Analytics Officer zijn gericht op het beheersen van risico's door het vaststellen van aanvaardbare werkwijzen voor de omgang met data. Maar de verantwoordelijkheid reikt verder dan de mensen in deze rollen. Het ethisch omgaan met data vereist organisatiebrede erkenning van de risico's die verbonden zijn aan misbruik van data, en organisatorische betrokkenheid bij het omgaan met data op basis van principes die individuen beschermen en de vereisten met betrekking tot data-eigendom respecteren.

Data governance kan ertoe bijdragen dat ethische principes worden gevolgd voor kritieke processen, zoals het bepalen wie data kan gebruiken en hoe ze data kunnen gebruiken. De praktijk van data governance moet rekening houden met de ethische risico's van bepaalde vormen van gebruik van data door de belanghebbenden. Zij moeten deze risico's beheren op een manier die vergelijkbaar is met de manier waarop zij de kwaliteit van de data beheren.

EEN CULTUUR VAN ETHISCH VERANTWOORD OMGAAN MET DATA TOT STAND BRENGEN

Het tot stand brengen van een cultuur van ethische dataverwerking vereist inzicht in de bestaande werkwijzen, het definiëren van verwacht gedrag, het codificeren ervan in beleid en een ethische code, en het bieden van training en toezicht om verwacht gedrag af te dwingen. Net als bij andere initiatieven met betrekking tot het beheer van data en het veranderen van de cultuur, vereist dit proces sterk leiderschap.

Ethische omgang met data omvat uiteraard het volgen van de wet. Het heeft ook invloed op de manier waarop data intern en extern worden geanalyseerd, geïnterpreteerd en gebruikt. Een organisatiecultuur die ethisch gedrag waardeert, zal niet alleen een gedragscode hebben, maar zal er ook voor zorgen dat er duidelijke communicatie- en bestuurscontroles zijn om medewerkers die zich bewust worden van onethische praktijken of risico's te ondersteunen. Medewerkers moeten dergelijke omstandigheden kunnen melden zonder angst voor represailles. Het verbeteren van het ethisch gedrag van een organisatie met betrekking tot data vereist vaak een formeel Organizational Change Management (OCM) proces (zie hoofdstuk 12).

Stappen om een cultuur van ethisch verantwoord omgaan met data tot stand te brengen zijn onder andere:

- **Bekijk de huidige status van de dataverwerkings- processen**: Begrijp de mate waarin de huidige processen direct en expliciet verband houden met ethische en compliance-factoren; identificeer hoe goed medewerkers de ethische implicaties van de bestaande werkwijzen begrijpen bij het opbouwen en behouden van het vertrouwen van klanten, partners en andere belanghebbenden.

- **Benoem principes, processen en risicofactoren**: Begrijp het risico van misbruik van data en de schade die het toebrengt aan klanten, werknemers, leveranciers, andere belanghebbenden of de organisatie als geheel. Naast bedrijfsgerelateerde risico's hebben de meeste organisaties specifieke risico's, die te maken kunnen hebben met hun technologische voetafdruk, hun personeelsverloop, de manier waarop ze klantdata verzamelen, of andere factoren. Principes moeten worden afgestemd op risico's (schade die ontstaat als de principes niet worden nageleefd) en werkwijzen (de juiste manieren om dingen te doen zodat risico's worden vermeden). Deze werkwijzen moeten worden ondersteund door controles.

- **Een maatschappelijk verantwoord ethisch risicomodel invoeren:** Het eerlijk uitvoeren van Business Intelligence, Business Analytics en Data Science vereist een ethisch perspectief dat verder kijkt dan de grenzen van de organisatie en rekening houdt met de implicaties voor de bredere gemeenschap. Een ethisch perspectief is niet alleen noodzakelijk omdat data gemakkelijk kunnen worden misbruikt, maar ook omdat organisaties een maatschappelijke verantwoordelijkheid hebben om geen schade aan te richten met hun data. Een risicomodel kan worden gebruikt om te bepalen of een project moet worden uitgevoerd. Het zal ook invloed hebben op de uitvoering van het project. Omdat data-analyse projecten complex zijn, zien mensen de ethische uitdagingen misschien niet in. Organisaties moeten potentiële risico's actief in kaart brengen. Een risicomodel kan hen daarbij helpen (zie figuur 7).

- **Creëer een ethische strategie voor de verwerking van data en een stappenplan:** Na een evaluatie van de huidige status en de ontwikkeling van een set van principes kan een organisatie een strategie formaliseren om haar dataverwerkingsprocessen te verbeteren. Deze strategie moet zowel ethische principes als verwacht gedrag met betrekking tot data uitdrukken, uitgedrukt in waarderingen en een code van ethisch gedrag.

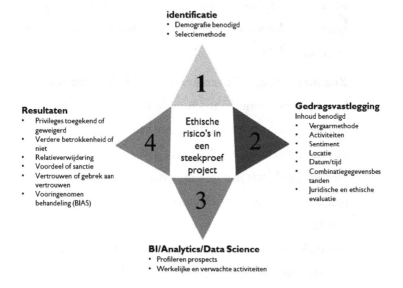

Figuur 7: Een ethisch risicomodel (DMBOK2, p. 64)

WAT U MOET WETEN

- Organisaties moeten ethisch omgaan met data of ze lopen het risico de goede wil van klanten, medewerkers, partners en andere belanghebbenden te verliezen.

- Dataethiek is gebaseerd op fundamentele beginselen en ethische vereisten.

- De regelgeving op het gebied van data is gebaseerd op dezelfde beginselen en vereisten, maar de regelgeving kan niet op alle eventualiteiten betrekking hebben. Als zodanig moeten organisaties verantwoording afleggen over de ethiek van hun eigen gedrag.

- Organisaties moeten een cultuur van ethische verantwoordelijkheid cultiveren voor de data die ze verwerken, niet alleen om ervoor te zorgen dat ze zich aan de regels houden, maar ook omdat dit het juiste is om te doen.

- Uiteindelijk levert een ethische omgang met data een concurrentievoordeel op, omdat het de basis is voor vertrouwen.

Hoofdstuk 5

Data Governance

Door een onfortuinlijk ongeluk in de geschiedenis werd de term *datamanagement* oorspronkelijk gebruikt om het werk te beschrijven dat Database-beheerders (DBA's) en andere zeer technische mensen deden om ervoor te zorgen dat de data in grote databases beschikbaar en toegankelijk waren. Het is nog steeds sterk verbonden met die activiteiten. De term *data governance* is onder meer ingevoerd om duidelijk te maken dat het beheer van data verder gaat dan het beheer van databanken. Belangrijker nog is dat data governance de processen beschrijft waarmee organisaties beslissingen nemen over data, beslissingen die door mensen in de hele onderneming moeten worden uitgevoerd.

In de meeste ondernemingen bewegen de data zich horizontaal, over business verticals heen. Als een organisatie haar data effectief wil gebruiken voor verschillende functies, moet zij gemeenschappelijke kaders en beleidslijnen vaststellen om consistente beslissingen te nemen over data in verschillende verticals. Data governance zou een rol moeten spelen die zeer vergelijkbaar is met financieel bestuur binnen een organisatie.

Data governance (DG) wordt gedefinieerd als de uitoefening van gezag en controle (bv. planning, toezicht en handhaving) over het beheer van de databestanden. Governance-activiteiten helpen de ontwikkeling en het gebruik van data te controleren. Zij verminderen ook de risico's in verband met data en stellen een organisatie in staat om data strategisch te benutten.

Alle organisaties maken beslissingen over data, ongeacht of ze een formele data governance functie hebben. Degenen die een formeel programma voor datamanagement opstellen, oefenen gezag en controle uit met een grotere intentie en consistentie.[18] Dergelijke organisaties zijn beter in staat om de waarde die zij aan hun databezit ontlenen te verhogen.

Dit hoofdstuk:

- Definieert data governance en bespreekt het belang ervan
- Bekijkt de verschillende modellen voor het organiseren van data governance-functies
- Bespreekt de activiteiten op het gebied van data governance, met inbegrip van data stewardship, en hoe deze bijdragen aan de organisatie.

---

[18] Seiner, 2014.

DATA GOVERNANCE ALS TOEZICHT

De data governance functie begeleidt alle andere datamanagement functies. Het doel van data governance is ervoor te zorgen dat de data goed worden beheerd, met bewezen werkwijzen.[19] Een veel voorkomende analogie is data governance gelijk te stellen aan auditing en boekhouding. Accountants en controleurs stellen de regels vast voor het beheer van financiële bedrijfsmiddelen. Professionals op het gebied van data governance stellen regels vast voor het beheer van databestanden. Op andere gebieden worden deze regels uitgevoerd. In beide gevallen is data governance geen eenmalig iets; deze toezichtsfunctie moet worden gehandhaafd nadat zij is ingesteld (zie figuur 8). De beginselen voor data governance moeten ingebed zijn in de levenscyclus van het datamanagement en in de fundamentele activiteiten (zie figuur 1). Een doorlopend programma, data governance, vereist een voortdurende inzet om ervoor te zorgen dat een organisatie waarde uit haar data haalt en de risico's met betrekking tot de data vermindert.

Terwijl de drijfveer van datamanagement in het algemeen is om ervoor te zorgen dat een organisatie waarde uit haar data haalt, richt data governance zich op de manier waarop beslissingen over data worden genomen en hoe mensen en processen zich naar verwachting zullen gedragen met betrekking tot data. De reikwijdte en de focus van een bepaald data governance programma zal afhangen van de

---

[19] Ladley, 2012.

behoeften van de organisatie. Om deze doelen te bereiken, omvatten de meeste data governance programma's:

- **Toezicht**: Het waarborgen van alle functionele gebieden van het datamanagement volgt leidende principes in het belang van de onderneming.

- **Strategie**: Definiëren, communiceren en aansturen van de uitvoering van de datastrategie en de strategie voor data governance.

- **Beleid**: Het vaststellen en afdwingen van beleid met betrekking tot data- en metadatamanagement, toegang, gebruik, beveiliging en kwaliteit.

- **Normen en kwaliteit**: Vaststelling en handhaving van standaarden voor datakwaliteit en data-architectuur.

- **Stewardship**: Het bieden van praktische observatie, audit en correctie op belangrijke gebieden van kwaliteit, beleid en datamanagement.

- **Naleving**: Ervoor zorgen dat de organisatie kan voldoen aan de wettelijke vereisten voor de naleving van de data.

- **Issue management**: Het identificeren, definiëren, escaleren en oplossen van problemen met betrekking tot databeveiliging, datatoegang, datakwaliteit, naleving van de regelgeving, dataeigendom, beleid, normen, terminologie of procedures voor data governance.

- **Projecten voor datamanagement**: Sponsoring van inspanningen ter verbetering van het datamanagement.

- **Waardering van een bedrijfsmiddel**: Het vaststellen van standaarden en processen om de bedrijfswaarde van data consistent te definiëren.

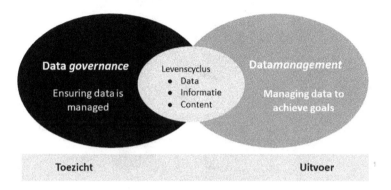

Figuur 8: Data Governance / Datamanagement (DMBOK2, p. 72)

Om deze doelen te bereiken, zal een data governance programma principes opstellen, beleid en procedures ontwikkelen, data stewardship processen op meerdere niveaus binnen de organisatie cultiveren, en zich bezighouden met verandermanagement inspanningen. Actief zullen de voordelen van verbeterde data governance en het gedrag dat nodig is om data met succes te beheren als een bedrijfsmiddel over de gehele datalevenscyclus (zie figuur 9) gecommuniceerd worden in de organisatie.

Veel governance programma's plannen hun roadmap op basis van een capability maturity model dat hen in staat stelt om te groeien en hun werkwijzen te verbeteren (zie hoofdstuk 3). Voor de meeste organisaties vereist de invoering van formele data governance de steun van het verandermanagement van de organisatie, evenals de sponsoring van een C-level executive, zoals Chief Risk Officer, Chief Financial Officer of Chief Data Officer.

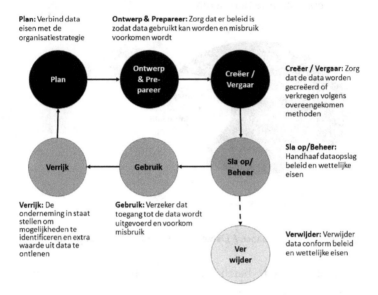

Figuur 9: Data Governance en de Datalevenscyclus (Aangepast uit DMBOK2, p. 29)

DRIJFVEREN VOOR DATA GOVERNANCE

De meest voorkomende drijfveer voor data governance is de naleving van de regelgeving, met name voor sterk gereguleerde sectoren, zoals de financiële diensten en de gezondheidszorg. Om te kunnen reageren op de evoluerende wetgeving zijn strikte procedures voor datamanagement nodig. De explosie van geavanceerde analyses en Data Sciences heeft een extra reden gecreëerd om governancestructuren in te voeren.

Terwijl compliance of analytics het management kunnen stimuleren, gaan veel organisaties terug naar data governance via een informatiemanagementprogramma dat gedreven wordt door andere bedrijfsbehoeften, zoals Master Datamanagement (MDM), door Big Dataproblemen, of door beide. Een typisch scenario: een bedrijf heeft betere klantdata nodig, het kiest ervoor om Customer MDM te ontwikkelen, en dan blijkt dat succesvol MDM data governance is vereist.

Data governance is geen doel op zich. Het moet direct aansluiten bij de strategie van de organisatie. Hoe duidelijker het helpt bij het oplossen van organisatorische problemen, hoe groter de kans dat mensen hun gedrag zullen veranderen en de governance-principes zullen overnemen. Drijfveren voor data governance richten zich meestal op:

- **Het verminderen van risico's**, zoals die met betrekking tot compliance, de algemene reputatie van de organisatie of de beveiliging en privacy van data.

- **Het verbeteren van processen**, zoals het vermogen om te voldoen aan regelgeving, het beheren van leveranciers, het bedienen van klanten en het efficiënt opereren.

KENMERKEN VAN HET DATA GOVERNANCE PROGRAMMA

Uiteindelijk is het doel van data governance, net als het doel van datamanagement in het algemeen, om een organisatie in staat te stellen om data als een bedrijfsmiddel te beheren. Data governance biedt de principes, het beleid, de processen, het raamwerk, de metrieken en het toezicht om data als een bedrijfsmiddel te beheren en om de activiteiten op het gebied van datamanagement op alle niveaus te sturen. Om dit algemene doel te bereiken, moet een data governance programma zijn:

- **Duurzaam**: Data governance is een doorlopend proces dat vraagt om betrokkenheid van de organisatie. Data governance vereist veranderingen in de manier waarop data worden beheerd en gebruikt. Dit betekent dat veranderingen op een duurzame manier moeten worden beheerd, die verder gaat dan de initiële implementatie van elke component van data governance.

- **Ingebed**: Data governance is geen extra proces. Data governance-activiteiten moeten worden geïntegreerd in ontwikkelmethoden voor software, het gebruik van data voor analyse, het beheer van stamgegevens en risicomanagement.

- **Gemeten**: Data governance heeft een positieve financiële impact, maar om deze impact aan te tonen is inzicht nodig in het uitgangspunt en de planning voor meetbare verbetering.

De uitvoering van een programma voor datamanagement vereist een engagement om te veranderen. De volgende principes, die sinds het begin van de jaren 2000 zijn ontwikkeld, kunnen helpen bij het leggen van een sterke basis voor data governance:[20]

---

[20] Het Data Governance Instituut. https://bit.ly/1ef0tnb.

- **Leiderschap en strategie**: Succesvolle data governance begint met visionair en toegewijd leiderschap ter ondersteuning van de bedrijfsstrategie van de onderneming.

- **Bedrijfskundig gedreven**: Data governance is een bedrijfsprogramma dat IT-beslissingen met betrekking tot data net zo goed moet regelen als de zakelijke interactie met data.

- **Gedeelde verantwoordelijkheid**: Data governance is een gedeelde verantwoordelijkheid tussen business data stewards en technische datamanagement professionals.

- **Meerdere lagen**: Data governance vindt plaats op zowel het bedrijfs- als het lokale niveau, en vaak ook op niveaus daartussenin.

- **Op basis van een raamwerk**: Omdat de activiteiten op het gebied van data governance coördinatie tussen de verschillende functionele gebieden vereisen, moet het programma voor data governance een operationeel kader vaststellen dat de verantwoordelijkheden en de interacties definieert.

- **Op basis van principes**: Leidende principes vormen het fundament van de activiteiten op het gebied van data governance, en in het bijzonder van het beleid op het gebied van data governance.

Het kernwoord in het bestuur is *regeren*. Data governance kan worden opgevat in termen van politiek bestuur. Het omvat:

- **Wetgevingsachtige functies:** Het definiëren van beleid, normen en de bedrijfsdataarchitectuur.

- **Justitiële functies:** Issue management en escalatie.

- **Uitvoerende functies:** Beschermen en dienen, administratieve verantwoordelijkheden.

Om de risico's beter te beheersen, nemen de meeste organisaties een representatieve vorm van data governance aan, zodat alle belanghebbenden kunnen worden gehoord.

MODELLEN VOOR DATA GOVERNANCE

Elke organisatie zou een governancemodel moeten aannemen dat haar bedrijfsstrategie ondersteunt en dat waarschijnlijk zal slagen binnen de eigen culturele context. Modellen verschillen in de organisatiestructuur, in de mate van formaliteit en in de aanpak van de besluitvorming. Sommige modellen zijn centraal georganiseerd, terwijl andere worden gedistribueerd. Alle modellen hebben een zekere mate van flexibiliteit nodig. Organisaties moeten ook bereid zijn om hun model te laten evolueren om nieuwe uitdagingen aan te gaan en om zich aan te passen aan de evolutie van de organisatiecultuur.

Data governance-organisaties kunnen ook meerdere lagen hebben om problemen op verschillende niveaus binnen een onderneming aan te pakken - lokaal, divisie- en bedrijfsbreed. Het werk van governance is vaak verdeeld over meerdere comités, elk met een ander doel en niveau van toezicht dan de andere. Dit werk moet worden gecoördineerd om ervoor te zorgen dat een organisatie kan profiteren van de synergie tussen de onderdelen.

Figuur 10 geeft een generiek data governance model weer. Het model omvat activiteiten op verschillende niveaus binnen de organisatie (zoals opgemerkt op de verticale as: lokaal, divisie, onderneming), evenals de scheiding van bestuursverantwoordelijkheden binnen organisatorische functies en tussen business (linkerzijde) en technisch/IT (rechterzijde).

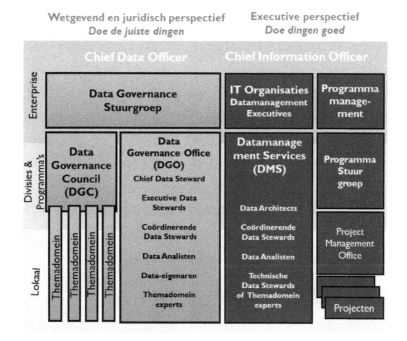

Figuur 10: Data Governance Organisatieonderdelen op verschillende organisatieniveaus (DMBOK2, p. 74)

Veel van het werk op het gebied van data governance wordt uitgevoerd door data stewards die via een data governance office met elkaar verbonden zijn. Stewards kunnen voltijds of deeltijds zijn. Zij zijn verantwoordelijk voor verschillende soorten data, afhankelijk van de behoeften van de organisatie. Vaak zullen zij leiding geven aan vak- of functiewerkgroepen die rapporteren via een data governance-raad. Op bedrijfsniveau hebben veel organisaties een data governance Stuurgroep op uitvoerend niveau. De Stuurgroep helpt bij het afdwingen van richtlijnen in de hele onderneming en dient als een escalatiepunt.

Aan de IT-kant is het werk vaak verdeeld over programma's met verschillende projecten, die worden uitgevoerd door projectteams, en operationele verantwoordelijkheden die worden uitgevoerd door datamanagementdiensten of productieondersteunende / operationele teams. Ook aan de IT-kant is een niveau van stewardship vereist. De meeste organisaties zullen behoefte hebben aan governance-structuren binnen zowel de zakelijke als de IT-kant van het huis, evenals aan een toezichtsfunctie. De verschillende delen van de organisatie die belast zijn met governance-activiteiten moeten actief samenwerken en coördineren. Figuur 11toont hoe dit soort model op verschillende manieren kan worden geïmplementeerd, afhankelijk van de behoeften en beperkingen van de organisatie.

De organisatorische keuzes voor data governance zijn afhankelijk van de bestaande structuur van de onderneming, de doelstellingen van data governance en de wil om te centraliseren en samen te werken. In een gecentraliseerd model houdt één data governance-raad toezicht op alle activiteiten in alle vakgebieden. In een gerepliceerd model worden hetzelfde werkmodel en dezelfde standaarden door elke business unit overgenomen. In een federatief model coördineert één raad meerdere business units om consistente definities en standaarden te handhaven.

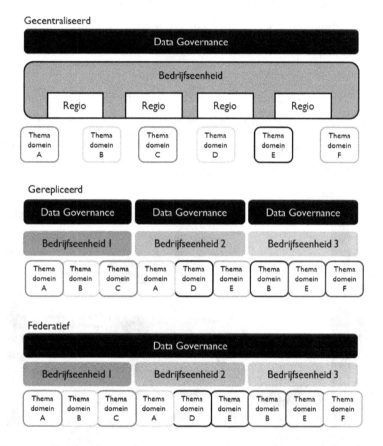

Figuur 11: Voorbeelden van het operationele kader voor het beheer van bedrijfsdata (DMBOK2, p. 75)[21]

Naast het organiseren van mensen voor data governance, is het ook nuttig om een operationeel model op te stellen dat de interactie definieert tussen de governance organisatie en de mensen die

---

[21] Aangepast van Ladley (2012).

verantwoordelijk zijn voor datamanagement projecten of initiatieven, de betrokkenheid van change management activiteiten om dit nieuwe programma te introduceren, en het model voor issue management resolutietrajecten door middel van governance. Figuur 12 illustreert een voorbeeld dat u kunt aanpassen om aan de eisen te voldoen en aan te sluiten bij de cultuur van uw organisatie. Ongeacht uw situatie zullen verschillende facetten hetzelfde blijven. Uitvoerende functies zorgen voor overzicht. De DGO werkt binnen domeinen. Het beleid wordt naar beneden geschoven en de problemen worden geëscaleerd. Stewards en stakeholders gaan op meerdere niveaus aan de slag.

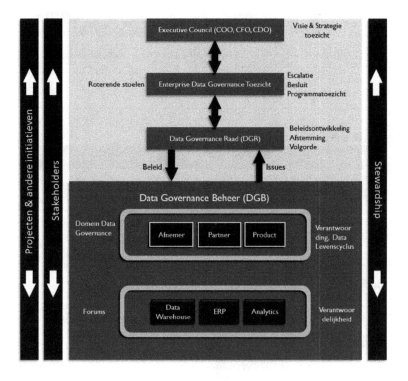

Figuur 12: Voorbeeld data governance-werkmodel (DMBOK2, p. 83)

DATA STEWARDSHIP

Data Stewardship is een van die concepten die mensen niet altijd begrijpen. Een *steward* is een persoon wiens taak het is om de eigendommen van een ander persoon te beheren. Data Stewards beheren data namens anderen en in het belang van de organisatie.[22] Dit concept is ontstaan uit de erkenning dat er binnen elke organisatie altijd mensen zijn geweest die deskundig zijn op het gebied van de data en die zich oprecht bekommeren om de manier waarop een organisatie data onderhoudt en beschikbaar stelt voor gebruik. Naarmate het belang van data is toegenomen, is ook de formele erkenning van deze rentmeesterschapsfunctie gegroeid.

Data Stewards vertegenwoordigen de belangen van alle belanghebbenden en moeten een ondernemingsperspectief hebben om ervoor te zorgen dat de bedrijfsdata van hoge kwaliteit zijn en effectief kunnen worden gebruikt. Effectieve Data Stewards zijn verantwoordelijk voor de activiteiten op het gebied van datamanagement en hebben een deel van hun tijd aan deze activiteiten gewijd. De term is bedoeld voor beide informele stewards - die zeer behulpzame mensen in elke organisatie die anderen in staat stellen om succesvol te zijn. En formele stewards - degenen met "data steward" in hun functieomschrijving. De focus van stewardship activiteiten zal verschillen van organisatie tot organisatie, afhankelijk van de organisatiestrategie, cultuur, de problemen die een organisatie probeert op te lossen, het niveau van de volwassenheid van het

---

[22] McGilvray, 2008.

datamanagement, en de formaliteit van het stewardship programma. Echter, in de meeste gevallen zullen de data stewardship activiteiten zich richten op enkele, zo niet alle, van de volgende zaken:

- **Het creëren en beheren van kernmetadata**: Standaardisatie, definitie en beheer van bedrijfsterminologie, geldige datawaarden en andere kritische metadata. Stewards zijn vaak verantwoordelijk voor de Business Glossary van een organisatie, die het registratiesysteem wordt voor bedrijfsterminologie met betrekking tot data.

- **Het documenteren van regels en normen**: Definitie/documentatie van bedrijfsregels, datastandaarden en regels voor datakwaliteit. Verwachtingen die worden gebruikt om data van hoge kwaliteit te definiëren zijn vaak geformuleerd in termen van regels die zijn geworteld in de bedrijfsprocessen die data creëren of consumeren. Stewards helpen deze regels naar boven te halen en te verfijnen om ervoor te zorgen dat er binnen de organisatie consensus over bestaat en dat ze consistent worden gebruikt.

- **Beheer van de kwaliteit van de data**: Stewards zijn vaak betrokken bij de identificatie, prioritering en oplossing van datagerelateerde kwesties of bij het faciliteren van het oplossingsproces.

- **Het uitvoeren van operationele data governance activiteiten**: Stewards zijn verantwoordelijk voor de naleving van het beleid en de initiatieven op het gebied van data governance, van dag tot dag en van het ene project tot het andere. Ze moeten beslissingen beïnvloeden om ervoor te zorgen dat de data worden beheerd op een manier die de algemene doelstellingen van de organisatie ondersteunt.

LANCERING VAN DATA GOVERNANCE

Data governance maakt een gedeelde verantwoordelijkheid mogelijk voor beslissingen op het gebied van data. Data governance-activiteiten overschrijden organisatorische en systeemgrenzen ter ondersteuning van een geïntegreerd beeld van de data. Succesvolle data governance vereist een duidelijk inzicht in wat er wordt bestuurd en wie er wordt bestuurd, en wie er regeert.

Ongeacht de manier waarop ze zijn georganiseerd, voeren de data governance-teams vergelijkbare activiteiten uit. Voordat een programma wordt opgezet, moet het data governance team inzicht hebben in de huidige status met betrekking tot de strategie, cultuur en specifieke data-uitdagingen van de organisatie. Het doel van deze beoordeling is om te definiëren wat data governance betekent voor de organisatie en een data governance strategie vast te stellen. De eerste beoordelingen omvatten waarschijnlijk:

- **Datamanagement Volwassenheidsbeoordeling**: Bepaal hoe goed het bedrijf mensen, processen en technologie gebruikt om de data te beheren en er waarde aan te ontlenen. Deze beoordeling kan helpen bij het bepalen van niveaus van formeel en informeel rentmeesterschap, bestaande normen, enz. en het identificeren van mogelijkheden voor verbetering.

- **Beoordeling van de mogelijkheden om te veranderen:** Bepalen van de vaardigheden van de organisatie die nodig is om gedrag aan te nemen dat nodig is voor een succesvolle data governance. Benoem potentiële obstakels voor een governance programma.

- **Samenwerkingsbereidheid:** Kenmerkt het vermogen van de organisatie om over functies heen samen te werken om steward te zijn en consistente, holistische beslissingen over data te nemen.

- **Afstemming vanuit de organisatie:** Beoordeel hoe goed de organisatie het gebruik en het beheer van de data in overeenstemming brengt met de bedrijfsstrategie. Benoem kritische organisatorische aanknopingspunten voor de data governance organisatie (bijv. inkoop, budget/financiering, naleving van regelgeving, SDLC standaarden).

- **Beoordeling van de kwaliteit van de data:** Benoem kritische data en bestaande datapijnpunten om inzicht te geven in bestaande problemen en risico's in verband met data en bedrijfsprocessen.

- **Beoordeling van de naleving van de regelgeving :** Begrijp de relatie tussen datarisico's en controle van de eisen en hoe deze momenteel worden beheerd. Definieer controle- en monitoringprocessen zodat de organisatie beter in staat is om te voldoen aan de regelgeving.

De eerste beoordelingen dragen bij aan de business case voor data governance. De volwassenheid, de kwaliteit van de data en de monitoring moeten concrete uitgangspunten voor verbetering opleveren, maar de algemene aanpak moet worden gestuurd door een strategie die de reikwijdte en de aanpak van de inspanningen op het gebied van data governance in relatie tot de bedrijfsdoelstellingen definieert. De strategie moet worden gedefinieerd door middel van:

- Een beleidsdocument dat doelstellingen en principes vastlegt
- Een operationeel kader met verantwoordelijkheden
- Een roadmap voor de uitvoering en een plan voor operationeel succes dat beschrijft:
    - o De doelen van de activiteiten op het gebied van data governance en hoe deze zullen worden ingebed in de standaard bedrijfs- en IT-processen.
    - o De eerste reeks initiatieven ter verbetering van de mogelijkheden voor datamanagement en de kwaliteit van de data
    - o De verwachte voordelen van het werk voor de hele onderneming
    - o Metriek om de voordelen aan te tonen

Zodra de strategie is gedefinieerd en het team aan het werk gaat, zullen zij de strategie uitvoeren:

- Het bepalen van het beleid
- Definitie van projecten voor de verbetering van de data
- Het betrekken van het verandermanagement om het personeel op te leiden en de adoptie van gewenst gedrag te stimuleren.
- Beheer van problemen en conflicten die zich tijdens het implementatieproces kunnen voordoen

DUURZAAM DATA GOVERNANCE

Zoals in de inleiding van het hoofdstuk is beschreven, geeft de data governance-functie richting aan het datamanagement door het vaststellen van beleid en best practices voor het beheer van data en door voortdurend toezicht te houden op de uitvoering ervan. Omdat deze werkwijzen op andere gebieden moeten worden uitgevoerd, moeten de beginselen van data governance worden ingebed in de levenscyclus van het datamanagement en de fundamentele activiteiten. Een succesvol data governance programma omvat:

- Het opstellen van een strategie die aansluit bij de bedrijfsstrategie en deze ondersteunt
- Definiëren en afdwingen van beleid dat gedrag definieert op basis van de principes van datamanagement
- Opstellen van normen voor de kwaliteit van de data
- Zorg voor rentmeesterschap van kritische data
- Ervoor zorgen dat de organisatie zich houdt aan de regelgeving met betrekking tot data
- Beheer van kwesties met betrekking tot aspecten van de data en het bestuur zelf

Een succesvol DG-programma zal de organisatie ook op een hoger niveau brengen in de volwassenheidscurve van het datamanagement door

- Sponsoring van datamanagementprojecten
- Standaardisering van de waardering van de bedrijfsmiddelen

- Doorlopende communicatie over het gedrag dat nodig is om waarde te halen uit data.

DE CHIEF DATA OFFICER

De meeste bedrijven erkennen op een bepaald niveau dat data een waardevol bedrijfsmiddel zijn. In het laatste decennium hebben sommigen Chief Data Officers (CDO) aangesteld om de kloof tussen technologie en business te helpen overbruggen en een bedrijfsbrede datamanagement strategie op senior niveau te evangeliseren. Deze rol is in opkomst. Forbes magazine meldde in januari 2018 dat meer dan 60% van de Fortune 1000 bedrijven een CDO hebben.[23]

Hoewel de eisen en functies van een CDO specifiek zijn voor de cultuur, de organisatiestructuur en de zakelijke behoeften van elk bedrijf, treden veel CDO's op als een combinatie van bedrijfsstrateeg, adviseur, steward voor datakwaliteit en allround ambassadeur voor datamanagement. In 2014 publiceerde Dataversity een onderzoek naar gemeenschappelijke mandaten voor een CDO.[24] Deze omvatten:

- Opstellen van een organisatorische datastrategie

- Het afstemmen van de data-centrische eisen op de beschikbare IT- en bedrijfsmiddelen

---

[23] Zie Randy Bean, "The Chief Data Officer Dilemna". Forbes.com, 29 januari 2018. https://bit.ly/2J8ahVZ.

[24] Dataversity.com

- Vaststelling van normen, beleid en procedures voor datamanagement

- Het verstrekken van advies (en misschien diensten) aan het bedrijf voor data-afhankelijke initiatieven, zoals bedrijfsanalyse, Big Data, datakwaliteit en datatechnologieën.

- Evangeliseren van het belang van goede informatiemanagementprincipes voor interne en externe belanghebbenden in het bedrijfsleven

- Het bieden van toezicht op het gebruik van data in de analytics en business intelligence

Ongeacht de industrie is het gebruikelijk dat een organisatie voor datamanagement via de CDO rapporteert. In een meer gedecentraliseerd bedrijfsmodel is de CDO verantwoordelijk voor de datastrategie, maar middelen die zich in de IT, operations of andere branches bevinden voeren die strategie uit. Sommige DMO's worden in eerste instantie opgericht met de CDO die alleen de strategie bepaalt, en na verloop van tijd worden andere aspecten van datamanagement, governance, en analytics onder de CDO-paraplu gevouwen aan de hand van nieuwe eisen die ontstaan ter verhoging van de efficiëntie en het identificeren van schaalvoordelen.

DATA GOVERNANCE EN LEIDERSCHAP

Meer dan enig ander aspect van datamanagement, vereist data governance leiderschap en executive sponsoring. Er zijn veel potentiële obstakels voor succes. Governance is erop gericht om mensen zich anders te laten gedragen ten opzichte van data. Veranderend gedrag is een uitdaging, vooral voor ondernemingsbrede initiatieven. En governance van welke aard dan ook kan worden gezien als een verplichting, in plaats van als een middel om processen te verbeteren en succes mogelijk te maken. Maar, als u zich onderwijst over de manieren waarop data uw bedrijfsstrategie ondersteunen, zult u snel de voordelen van data governance zien en onderschrijven:

- Het nemen van beslissingen over data in de context van de algemene bedrijfsstrategie heeft meer zin dan het nemen van deze beslissingen op projectmatige basis.

- Het codificeren van verwacht gedrag ten aanzien van data in het bestuursbeleid stelt duidelijke richtlijnen vast voor werknemers en andere belanghebbenden.

- Het eenmalig definiëren van data en het consistent definiëren ervan bespaart tijd, moeite en organisatorische kantelingen.

- Het vaststellen en handhaven van datastandaarden is een efficiënt middel om de kwaliteit van de meest kritische data van de organisatie te definiëren en vervolgens te verbeteren.

- Het verminderen van de risico's met betrekking tot de privacy van data draagt bij aan het voorkomen van data-inbreuken en is goed voor de reputatie en het bedrijfsresultaat van een organisatie.

WAT U MOET WETEN

- Data governance is een doorlopend programma dat toezicht houdt op alle andere datamanagementfuncties, door het formuleren van een strategie, het opstellen van kaders, het vaststellen van beleid en het mogelijk maken van datagebruik over de grenzen van de afdeling.

- Data governance is geen doel op zich. Het is een middel om bedrijfsdoelstellingen te bereiken.

- Hoe de data governance functie is georganiseerd hangt af van de doelstellingen van het data governance programma en de cultuur van de organisatie.

- Data governance helpt organisaties de uitdagingen van datamanagement aan te gaan door activiteiten en gedrag af te stemmen op de principes van datamanagement, samen met de leidende principes die zijn vastgesteld om de bedrijfsstrategie van een organisatie te ondersteunen.

- Data governance vereist leiderschap. Die toewijding zal ook andere functies in de datamanagementfuncties in staat stellen om meer succes te hebben.

HOOFDSTUK 6

Planning en ontwerp in Datalevenscyclus management

Activiteiten in de datalevenscyclus richten zich op het plannen en ontwerpen van data, het mogelijk maken van data gebruik en onderhoud, en het daadwerkelijk gebruiken van data om organisatorische doelen te bereiken (zie figuur 1). Data architecten en data modelleurs spelen hier een belangrijke rol in. In dit hoofdstuk zal worden beschreven:

- De rol van de bedrijfsarchitectuur bij het plannen en ontwerpen voor de organisatie

- De kritische functie van de data-architectuur binnen het datamanagement

- De doelstellingen en artefacten van de datamodellering

ONDERNEMINGSARCHITECTUUR

Architectuur verwijst naar een georganiseerde opstelling van onderdelen die bedoeld is om de functie, de prestaties, de haalbaarheid, de kosten en de esthetiek van een algemene structuur of systeem te optimaliseren. De term *architectuur* is gebruikt om verschillende facetten van het ontwerp van informatiesystemen te beschrijven. Zelfs in kleine organisaties is informatietechnologie gecompliceerd. Architectonische artefacten en documentatie die systemen en datastromen weergeven, laten zien hoe systemen, processen en data samenwerken. Een strategische benadering van architectuur stelt een organisatie in staat om betere beslissingen te nemen over haar systemen en data.

De architectuurpraktijk wordt uitgevoerd op verschillende niveaus binnen een organisatie (inclusief onderneming, domein of project) en met verschillende aandachtsgebieden (bijvoorbeeld infrastructuur, applicatie of data). Tabel 1beschrijft en vergelijkt architectuurdomeinen. Architecten uit verschillende domeinen moeten de ontwikkelingseisen gezamenlijk aanpakken, omdat elk domein invloed heeft op de andere domeinen. Een goed beheerd organisatie-architectuurproces kan een organisatie helpen de huidige staat van haar systemen te begrijpen, de gewenste verandering in de richting van de toekomstige staat te bevorderen, naleving van de regelgeving mogelijk te maken en de effectiviteit te verbeteren. Effectief beheer van data en de systemen waarin data worden opgeslagen en gebruikt is een gemeenschappelijk doel van de breedte van de architectuurdisciplines.

Type architectuur	Doel
Enterprise Business Architectuur	Om vast te stellen hoe een onderneming waarde creëert voor klanten en andere belanghebbenden
Architectuur van bedrijfsdata	Om te beschrijven hoe de data moeten worden georganiseerd en beheerd
Architectuur van bedrijfsapplicaties	Om de structuur en functionaliteit van applicaties in een onderneming te beschrijven
Enterprise Technology Architectuur	Om de fysieke technologie te beschrijven die nodig is om systemen te laten functioneren en waarde te leveren

Type architectuur	Elementen
Enterprise Business Architectuur	Bedrijfsmodellen, processen, vaardigheden, diensten, evenementen, strategieën, woordenschat
Architectuur van bedrijfsdata	Datamodellen, datadefinities, specificaties voor datamapping, datastromen, gestructureerde data API's
Architectuur van bedrijfsapplicaties	Zakelijke systemen, softwarepakketten, databases
Enterprise Technology Architectuur	Technische platforms, netwerken, beveiliging, integratiehulpmiddelen

Type architectuur	Afhankelijkheden
Enterprise Business Architectuur	Stelt eisen voor de andere domeinen

Type architectuur	Afhankelijkheden
Architectuur van bedrijfsdata	Beheer van data die zijn gecreëerd en vereist door de bedrijfsarchitectuur
Architectuur van bedrijfsapplicaties	Handelt op basis van gespecificeerde data volgens de eisen van het bedrijf
Enterprise Technology Architectuur	Hosts en voert de applicatie-architectuur uit

Type architectuur	Rollen
Bedrijfsarchitectuur voor ondernemingen	Zakelijke architecten en analisten, business data stewards
Architectuur van bedrijfsdata	Data-architecten en modelleurs, data stewards
Architectuur van bedrijfsapplicaties	Applicatiearchitecten
Ondernemingstechnologie-architectuur	Infrastructuurarchitecten

Tabel 1: Architectuurdomeinen (DMBOK2, p. 101-102)

ZACHMAN FRAMEWORK

Een architectuurraamwerk is een basisstructuur die wordt gebruikt om een breed scala aan gerelateerde architecturen te ontwikkelen. Het biedt een manier om over architectuur te denken en deze te begrijpen en vertegenwoordigt een algemene 'architectuur voor architectuur'. Precies wat architecten doen kan verwarrend zijn voor mensen die geen architect zijn en die het onderscheid dat door deze niveaus en aandachtsgebieden wordt gemaakt niet herkennen.

Architectuurkaders zijn waardevol omdat ze niet-architecten in staat stellen de relaties (zo niet de gedetailleerde verschillen) tussen deze concepten te begrijpen. Het bekendste enterprise architecturele raamwerk, het Zachman Framework, is ontwikkeld door John A. Zachman in de jaren tachtig van de vorige eeuw. Het heeft zich verder ontwikkeld. Zachman erkende dat er bij het creëren van gebouwen, vliegtuigen, ondernemingen, waardeketens, projecten of systemen veel belanghebbenden zijn, en dat elk van hen een andere kijk heeft op architectuur. Hij paste dit concept toe op de vereisten voor verschillende soorten en niveaus van architectuur binnen een onderneming.

Het Zachman Framework wordt vertegenwoordigd door een 6x6 matrix die de volledige set van modellen samenvat die nodig zijn om een onderneming en de relaties tussen de ondernemingen te beschrijven. Het definieert niet hoe de modellen moeten worden gecreëerd. Het laat alleen zien welke modellen er moeten bestaan (zie figuur 13).

	Wat	Hoe	Waar	Wie	Wanneer	Waarom	
Executive	Inventaris identificatie	Proces identificatie	Distributie identificatie	Verantwoorde lijkheids identificatie	Planning identificatie	Beweegreden identificatie	Scope Context
Business Management	Inventaris definitie	Proces definitie	Distributie definitie	Verantwoorde lijkheids definitie	Planning definitie	Beweegreden definitie	Business Concepts
Architect	Inventaris weergave	Proces weergave	Distributie weergave	Verantwoorde lijkheids weergave	Planning weergave	Beweegreden weergave	Systeemlogic a
Engineer	Inventaris specificatie	Proces specificatie	Distributie specificatie	Verantwoorde lijkheids specificatie	Planning specificatie	Beweegreden specificatie	Technologie Fysiek
Technician	Inventaris configuratie	Proces configuratie	Distributie configuratie	Verantwoorde lijkheids configuratie	Planning configuratie	Beweegreden configuratie	Tool Componente
Ondernemin g	Inventaris instructies	Proces instructies	Distributie instructies	Verantwoorde lijkheids instructies	Planning instructies	Beweegreden instructies	Operationele gevallen
	Inventaris sets	Processen	Distributie Netwerken	Verantwoor delijkheden	Planning Cycli	Intenties	

Figuur 13: Vereenvoudigd Zachman-raamwerk (DMBOK2, p. 103)

Het Zachman-raamwerk vat de antwoorden samen op een eenvoudige reeks vragen (d.w.z. wat, hoe, waar, wie, wanneer, waarom) die door belanghebbenden met verschillende perspectieven zouden kunnen worden gesteld:

- **Het uitvoerende perspectief** (bedrijfscontext): Lijsten van zakelijke elementen die het toepassingsgebied in *identificatiemodellen* definiëren.

- **Het bedrijfsmanagement perspectief** (bedrijfsconcepten): Verduidelijking van de relaties tussen bedrijfsconcepten die door uitvoerenden eigenaren in *definitiemodellen* zijn gedefinieerd.

- **Het architectenperspectief** (bedrijfslogica): Logische applicatiemodellen waarin de systeemvereisten en het ongedwongen ontwerp worden gedetailleerd en door architecten in *representatiemodellen* worden weergegeven.

- **Het ingenieursperspectief** (bedrijfsfysica): Fysieke modellen die het ontwerp optimaliseren voor implementatie voor specifiek gebruik binnen de randvoorwaarden van specifieke technologie, mensen, kosten en tijdsbestekken die door ontwikkelaars in *specificatiemodellen* worden gespecificeerd.

- **Het technisch perspectief** (componentassemblages): Een technologie-specifiek, out-of-context beeld van hoe componenten worden geassembleerd en functioneren, geconfigureerd door Techneuten in *configuratiemodellen*.

- **Het gebruikersperspectief** (operations classes): Werkelijk functionerende instanties die door werknemers worden gebruikt. Er zijn geen modellen in dit perspectief.

Het raamwerk benoemt vervolgens wat voor soort architectuurkunstwerken nodig zijn om deze fundamentele vragen te beantwoorden.

DATA-ARCHITECTUUR

De data-architectuur is van fundamenteel belang voor het datamanagement. Omdat de meeste organisaties meer data hebben dan individuele mensen kunnen begrijpen, is het noodzakelijk om organisatorische data op verschillende abstractieniveaus weer te geven, zodat het management deze kan begrijpen en er beslissingen over kan nemen.

De gespecialiseerde discipline van de data-architectuur kan vanuit verschillende perspectieven worden begrepen:

- **Uitkomsten van de data-architectuur**, zoals modellen, definities en datastromen op verschillende niveaus (meestal aangeduid als artefacten van de data-architectuur)

- **Data-architectuur activiteiten**, om data architectuur intenties te vormen, uit te rollen en te vervullen

- **Gedrag van de data-architectuur**, zoals samenwerking, mentaliteit en vaardigheden onder de verschillende rollen die van invloed zijn op de data-architectuur van de onderneming

De data-architectuur van een organisatie wordt beschreven door een geïntegreerde verzameling van masterontwerpdocumenten op verschillende abstractieniveaus, inclusief standaarden die bepalen hoe data worden verzameld, opgeslagen, gerangschikt, gebruikt en verwijderd. Het wordt ook geclassificeerd door beschrijvingen van alle containers en paden die data door de systemen van een organisatie afleggen.

Data-architectuur artefacten omvatten specificaties die worden gebruikt om de bestaande toestand te beschrijven, de vereisten voor de data te definiëren, de data-integratie te begeleiden en de data te controleren zoals die in een datastrategie worden voorgesteld. Het meest gedetailleerde data-architectuur ontwerpdocument is een formeel enterprise datamodel, met datanamen, uitgebreide data en metadata definities, conceptuele en logische entiteiten en relaties, en business rules. Fysieke datamodellen zijn inbegrepen, maar dan als een product van datamodellering en -ontwerp, in plaats van data-architectuur.

De data-architectuur is het meest waardevol wanneer deze de behoeften van de gehele onderneming volledig ondersteunt. Enterprise data architectuur definieert standaard termen en ontwerpen voor de elementen die belangrijk zijn voor de gehele organisatie. Het ontwerp van een enterprise data-architectuur omvat de weergave van de bedrijfsdata als zodanig, inclusief het verzamelen, opslaan, integreren, verplaatsen en distribueren van data. De bedrijfsdataarchitectuur maakt een consistente datastandaardisatie en -integratie in de hele onderneming mogelijk.

De data-architectuur moet dienen als brug tussen de bedrijfsstrategie en de uitvoering van de technologie. Als onderdeel van de organisatie-architectuur moeten data-architecten:

- Organisaties strategisch voorbereiden op een snelle ontwikkeling van hun producten, diensten en data om te kunnen profiteren van de zakelijke kansen die inherent zijn aan opkomende technologieën

- De bedrijfsbehoeften vertalen naar data en systeemvereisten, zodat de processen consistent de data hebben die ze nodig hebben

- Complexe data en informatievoorziening in de gehele onderneming beheren

- De afstemming tussen Business en IT vergemakkelijken

- Optreden als agenten voor verandering, transformatie en wendbaarheid

Deze organisatorische drijfveren moeten van invloed zijn op de waarde van de data-architectuur.

DATA-ARCHITECTUUR ARTEFACTEN

Als data stroomt binnen een organisatie via feeds of interfaces worden ze beveiligd, geïntegreerd, opgeslagen, vastgelegd, gecatalogiseerd, gedeeld, gerapporteerd, geanalyseerd en geleverd aan belanghebbenden. Onderweg kunnen de data worden geverifieerd, verbeterd, gekoppeld, gecertificeerd, geaggregeerd, geanonimiseerd en gebruikt voor analyse totdat ze worden gearchiveerd of gezuiverd. De beschrijvingen van de data-architectuur moeten daarom zowel de datamodellen (bijv. datastructuren en -specificaties) als de ontwerpen voor de datastroom bevatten.

Data-architecten creëren en onderhouden organisatorische kennis over data en de systemen waar ze doorheen bewegen. Deze kennis stelt een organisatie in staat om haar data te beheren als een bedrijfsmiddel en de waarde die zij aan haar data ontleent te verhogen door het identificeren van mogelijkheden voor datagebruik, kostenreductie en risicobeperking.

Architecten proberen te ontwerpen op een manier die waarde toevoegt aan de organisatie. Deze waarde komt tot stand door een optimale technische blauwdruk, operationele en projectverbeteringen en het toegenomen vermogen van de organisatie om haar data te gebruiken. Om dit te bereiken is een goed ontwerp, een goede planning en het vermogen om ervoor te zorgen dat de ontwerpen en plannen effectief worden uitgevoerd.

ENTERPRISE DATA MODEL (EDM)

Het EDM is een holistisch, enterprise-level, implementatie-onafhankelijk conceptueel of logisch datamodel dat een gemeenschappelijk, consistent beeld geeft van de data in de gehele onderneming. Een EDM bevat belangrijke bedrijfsdata (d.w.z. bedrijfsconcepten), hun relaties, kritische leidende bedrijfsregels en enkele kritische attributen. Het legt de basis voor alle data- en datagerelateerde projecten. Elk datamodel op projectniveau moet gebaseerd zijn op het EDM. Het EDM moet worden beoordeeld door de belanghebbenden, die het erover eens moeten zijn dat het de onderneming effectief vertegenwoordigt.

Een organisatie die de noodzaak van een enterprise datamodel onderkent, moet beslissen hoeveel tijd en moeite zij kan besteden aan het bouwen ervan. EDM's kunnen op verschillende detailniveaus worden gebouwd, zodat de beschikbaarheid van middelen de initiële omvang zal beïnvloeden. In de loop van de tijd, naarmate de behoeften van de onderneming toenemen, worden de omvang en het detailniveau van een enterprise datamodel doorgaans uitgebreid. De meeste succesvolle enterprise datamodellen worden stapsgewijs en iteratief gebouwd, met behulp van lagen.

Figuur 14 relateert verschillende soorten modellen, en laat zien hoe conceptuele modellen uiteindelijk koppelbaar zijn aan fysieke applicatiedatamodellen. Het onderscheidt:

- Een conceptueel overzicht van de thema's van de onderneming
- Visie op entiteiten en relaties voor elk vakgebied
- Gedetailleerde, deels toegeschreven logische opvattingen over dezelfde onderwerpen
- Logische en fysieke modellen specifiek voor een toepassing of project

Alle niveaus maken deel uit van het Enterprise Data Model, en koppelingen creëren paden om een entiteit van boven naar beneden en tussen modellen op hetzelfde niveau te traceren.

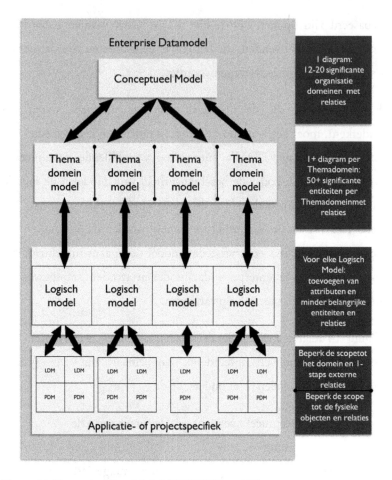

Figuur 14: Enterprise Data Model (DMBOK2, p. 106)

ONTWERP VAN DE DATASTROOM

Het ontwerp van de datastroom definieert de vereisten en de masterblauwdruk voor de opslag en verwerking in databases, applicaties, platforms en netwerken (de componenten). Deze datastromen brengen de beweging van data naar bedrijfsprocessen, locaties, bedrijfsrollen en naar technische componenten in kaart.

Data flows zijn een soort datalineage-documentatie die weergeeft hoe data zich door bedrijfsprocessen en -systemen bewegen. End-to-end-datastromen laten zien waar de data vandaan komen, waar ze worden opgeslagen en gebruikt, en hoe ze worden getransformeerd als ze zich binnen en tussen verschillende processen en systemen bewegen. Datalineageanalyse kan helpen de toestand van de data op een bepaald punt in de datastroom te verklaren. Data flows linken en documenteren relaties tussen data en

- Toepassingen binnen een bedrijfsproces

- Dataopslag of databases in een omgeving

- Netwerksegmenten (nuttig voor het in kaart brengen van de veiligheid)

- Organisatierollen, waarbij wordt aangegeven welke rollen verantwoordelijk zijn voor het maken, bijwerken, gebruiken en verwijderen van data (CRUD)

- Locaties waar zich lokale verschillen voordoen

Datastromen kunnen op verschillende detailniveaus worden gedocumenteerd: vakgebied, bedrijfsonderdeel of zelfs het attribuutniveau. Systemen kunnen worden weergegeven door netwerksegmenten, platforms, gemeenschappelijke applicatiesets of individuele servers. Datastromen kunnen worden weergegeven door tweedimensionale matrices (figuur 15) of in datastroomdiagrammen (figuur 16). Het Enterprise Data Model en het Data Flow Design moeten goed op elkaar aansluiten. Zoals gezegd, moeten beide worden gereflecteerd in de huidige staat en doelstaat (architectuurperspectief), en ook de in transitiestaat (projectperspectief).

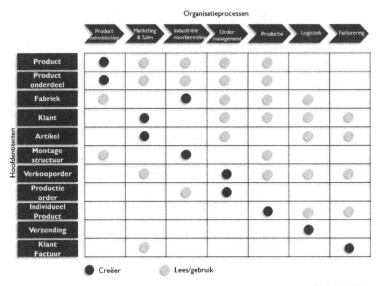

Figuur 15: Datastroom afgebeeld in een tweedimensionale matrix (DMBOK2, p. 108)

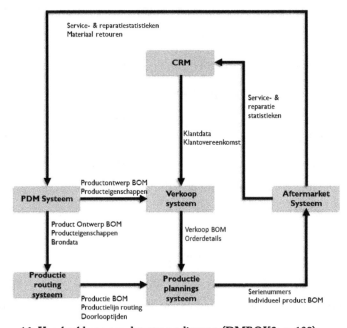

Figuur 16: Voorbeeld van een datastroomdiagram (DMBOK2, p. 109)

DATA-ARCHITECTUUR EN DATAMANAGEMENT KWALITEIT EN INNOVATIE

De data en de bedrijfsarchitectuur behandelen de complexiteit vanuit twee invalshoeken:

- **Kwaliteitsgeoriënteerd:** Focus op het verbeteren van de uitvoering binnen bedrijfs- en IT-ontwikkelingscycli. Tenzij de architectuur wordt beheerd, zal de architectuur verslechteren. Systemen zullen geleidelijk aan complexer en inflexibeler worden, wat risico's met zich meebrengt voor een organisatie. Ongecontroleerde datalevering, datakopieën en interface 'spaghetti' relaties maken organisaties minder efficiënt en verminderen het vertrouwen in de data.

- **Innovatiegericht:** Focus op het transformeren van business en IT om nieuwe verwachtingen en kansen aan te pakken. Het aansturen van innovatie met verstorende technologieën en datagebruik is een rol van de moderne bedrijfsarchitect geworden.

Deze twee drijfveren hebben een aparte aanpak nodig.

- De kwaliteitsgerichte aanpak sluit aan bij het traditionele werk op het gebied van de data-architectuur, waarbij de architectonische kwaliteitsverbeteringen stapsgewijs worden gerealiseerd door de aansluiting van de architect op projecten. Typisch is dat de architect het geheel van de architectuur in gedachten houdt en zich richt op lange termijn doelen die direct verband houden met governance, standaardisatie en gestructureerde ontwikkeling.

- De innovatiegerichte aanpak kan een kortetermijnperspectief hebben en gebruik maken van onbewezen bedrijfslogica en geavanceerde technologieën. Deze oriëntatie vereist vaak dat architecten contact maken met mensen binnen de organisatie met wie IT-professionals doorgaans geen contact hebben; bijvoorbeeld productontwikkelingsvertegenwoordigers en business designers.

Werkend binnen de organisatie-architectuur, of als een data architectuur team, zijn data architecten verantwoordelijk voor het ontwikkelen van een roadmap, het beheren van bedrijfsbrede data eisen binnen projecten, en het integreren met de totale organisatie-architectuur. Het succes hangt af van het definiëren en naleven van standaarden en het creëren en onderhouden van nuttige en bruikbare architectonische artefacten. Een gedisciplineerde architectuurpraktijk kan de efficiëntie en kwaliteit verbeteren door herbruikbare en uitbreidbare oplossingen te creëren.

DATAMODELLERING

Een *model* is een representatie van iets dat bestaat of een patroon voor iets dat moet worden gemaakt. Kaarten, organisatieschema's en bouwtekeningen zijn voorbeelden van modellen die dagelijks worden gebruikt. Modeldiagrammen maken gebruik van standaardsymbolen die het mogelijk maken om de inhoud te begrijpen.

Datamodellering is het proces van het ontdekken, analyseren en afbakenen van datavereisten, en vervolgens het vertegenwoordigen en communiceren van deze datavereisten in een precieze vorm die het *datamodel* wordt genoemd. Datamodellering is een cruciaal onderdeel van datamanagement. Het modelleringsproces vereist dat organisaties ontdekken en documenteren hoe hun data in elkaar passen.[25] Datamodellen stellen een organisatie in staat om haar data te begrijpen.

Datamodellen omvatten en bevatten metadata die essentieel zijn voor de consument. Veel van deze metadata die tijdens het datamodelleringsproces aan het licht komen, zijn essentieel voor andere datamanagementfuncties. Bijvoorbeeld definities voor data governance en lineage voor data warehousing en analyse.

Een datamodel beschrijft de data van een organisatie zoals de organisatie ze begrijpt of zoals de organisatie ze wil hebben. Een datamodel bevat een set van symbolen met tekstlabels die visueel de datavereisten proberen weer te geven zoals die aan de datamodelleur worden gecommuniceerd, voor een specifieke set van data die in grootte kunnen variëren van klein (voor een project) tot groot (voor een organisatie).

Het model is dus een vorm van documentatie voor de datavereisten en -definities die voortvloeien uit het modelleringsproces. Datamodellen zijn het belangrijkste medium dat wordt gebruikt om de datavereisten te communiceren van de business naar de IT, en binnen de IT van analisten, modelbouwers en architecten, naar databaseontwerpers en -ontwikkelaars.

---

[25] Simsion, 2007.

Datamodellen zijn cruciaal voor een effectief beheer van data, omdat ze:

- Zorgen voor een gemeenschappelijke woordenschat rond data

- Expliciete kennis (metadata) over de data en systemen van een organisatie vastleggen en documenteren

- Dienen als primair communicatiemiddel tijdens projecten

- Het uitgangspunt geven voor maatwerk, integratie of zelfs vervanging van een applicatie

DOELSTELLINGEN VAN DE DATAMODELLERING

Het doel van datamodellering is het bevestigen en documenteren van het begrip van verschillende perspectieven op data. Dit inzicht leidt tot toepassingen en data die nauwer aansluiten bij de huidige en toekomstige bedrijfsvereisten. Dit inzicht creëert ook een basis voor het succesvol afronden van breed opgezette initiatieven zoals Master Datamanagement en data governance programma's. Een goede datamodellering leidt tot lagere ondersteuningskosten en verhoogt de herbruikbaarheidsmogelijkheden voor toekomstige initiatieven, waardoor de kosten voor het bouwen van nieuwe applicaties worden gereduceerd. Daarnaast zijn datamodellen zelf een belangrijke vorm van metadata.

Het bevestigen en documenteren van het begrip van verschillende perspectieven vergemakkelijkt:

- **Formalisatie**: Een datamodel documenteert een beknopte definitie van datastructuren en -relaties. Het maakt het mogelijk om te beoordelen hoe data worden beïnvloed door geïmplementeerde bedrijfsregels, voor huidige (as-is) situaties gewenste doelsituaties. Een formele definitie legt een gedisciplineerde structuur op aan data die data-anomalieën bij het gebruik en het beheer reduceert. Door de structuren en relaties in de data te illustreren, maakt een datamodel de data inzichtelijker.

- **Scope definitie**: Een datamodel helpt de datacontext en de randvoorwaarden voor de implementatie van aangeschafte applicatiepakketten, projecten, initiatieven of bestaande systemen uit te leggen.

- **Kennisbehoud/documentatie**: Een datamodel kan de bedrijfskennis van een systeem of project bewaren door kennis in een expliciete vorm vast te leggen. Het dient als de as-is-versie voor toekomstige projecten.

Datamodellen helpen ons inzicht te krijgen in een organisatie of bedrijfsonderdeel, een bestaande applicatie of de impact van het aanpassen van een bestaande datastructuur. Het datamodel wordt een herbruikbare kaart om business professionals, projectmanagers, analisten, modelleurs en ontwikkelaars te helpen de datastructuur binnen de omgeving te begrijpen. Op dezelfde manier als de kaartenmaker een geografisch landschap leerde en documenteerde voor anderen om te gebruiken voor navigatie, stelt de modelleur anderen in staat om een informatielandschap te begrijpen.[26]

BOUWSTENEN VAN DATAMODELLEN

Er zijn veel verschillende soorten datamodellen, waaronder relationele, dimensionale, enz. Modelbouwers gebruiken de juiste soorten modellen op basis van de behoeften van de organisatie, de data die worden gemodelleerd en het systeem waarvoor het model wordt ontwikkeld. Elk type model gebruikt verschillende visuele conventies om informatie vast te leggen.

Modellen verschillen ook op basis van het abstractieniveau van de informatie die ze afbeelden (conceptueel met een hoog abstractieniveau; logisch met een gemiddeld abstractieniveau; en fysieke weergave van de installatie van data voor een specifiek systeem). Maar modellen gebruiken allemaal dezelfde bouwstenen: entiteiten, relaties, attributen en domeinen.

Als manager in uw organisatie is het niet nodig dat u datamodellen kunt lezen. Het is echter wel nuttig als u begrijpt hoe ze data beschrijven. De definities en voorbeelden hier geven u een idee hoe datamodellen werken.

Entiteit

Buiten de datamodellering is de definitie van *entiteit* een ding dat los van andere zaken bestaat. Binnen datamodellering is een entiteit iets waarover een organisatie informatie verzamelt. Entiteiten worden ook

---

[26] Hoberman, 2009.

wel 'de zelfstandige naamwoorden van een organisatie' genoemd. In relationele datamodellen zijn entiteiten de vakjes die het te modelleren begrip identificeren.

Een entiteit kan worden gezien als het antwoord op een fundamentele vraag - wie, wat, wanneer, waar, waarom of hoe - of op een combinatie van deze vragen. Tabel 2 definieert en geeft voorbeelden van veelgebruikte entiteitcategorieën.[27]

Relatie

Een relatie is een associatie tussen entiteiten.[28] Een relatie legt de interacties op hoog niveau tussen conceptuele entiteiten vast, de gedetailleerde interacties tussen logische entiteiten en de randvoorwaarden tussen fysieke entiteiten. Relaties worden weergegeven als lijnen op het datamodelleringsdiagram.

In een relatie tussen twee entiteiten legt *kardinaliteit* vast hoeveel van de ene entiteit (entiteit instanties) deelt met hoeveel van de andere entiteit. Een bedrijf kan bijvoorbeeld één of meerdere werknemers hebben.

De kardinaliteit wordt weergegeven door de symbolen die aan beide uiteinden van een verwantschapslijn verschijnen. Voor kardinaliteit zijn de keuzes eenvoudig: nul, één, of veel ("veel" verwijst naar een getal hoger dan één). Elke zijde van een relatie kan elke combinatie van nul, één of veel hebben.

---

[27] Hoberman, 2009.

[28] Chen, 76.

Categorie	Definitie	Voorbeelden
Wie	Persoon of organisatie van uw interesse. Dat wil zeggen, *Wie* is belangrijk voor het bedrijf? Vaak wordt een 'wie' geassocieerd met een rol zoals Klant of Verkoper. Personen of organisaties kunnen meerdere rollen hebben of in meerdere partijen worden opgenomen.	Werknemer, Patiënt, Teamlid, Verdachte, Klant, Verkoper, Student, Passagier, Concurrent, Auteur
Wat	Product of dienst van belang voor de onderneming. Het verwijst vaak naar wat de organisatie maakt of welke dienst zij levert. Dat wil zeggen: *Wat* is belangrijk voor de onderneming? Attributen voor categorieën, types, etc. zijn hier erg belangrijk.	Product, Service, Grondstof, Afgewerkte Goed, Cursus, Lied, Foto, Boek
Wanneer	Kalender of tijdsinterval van belang voor de onderneming. Dat wil zeggen, *wanneer* is het bedrijf operationeel?	Tijd, Datum, Maand, Kwartaal, Jaar, Kalender, Semester, Fiscale Periode, Minuut, Vertrektijd
Waar	Locatie van belang voor de onderneming. Locatie kan zowel naar fysieke plaatsen als naar digitale plaatsen verwijzen. Dat wil zeggen, *waar* vindt de actie plaats?	E-mailadres, distributiepunt, website-URL, IP-adres

Categorie	Definitie	Voorbeelden
Waarom	Gebeurtenis of transactie van belang voor de onderneming. Deze gebeurtenissen houden het bedrijf overeind. Dat wil zeggen, *waarom* is het bedrijf operationeel?	Bestelling, Teruggave, Klacht, Opname, Storting, Compliment, Onderzoek, Handel, Schadeclaim
Hoe	Documentatie van de gebeurtenis die van belang is voor de onderneming. Documenten leveren het bewijs dat de gebeurtenissen zich hebben voorgedaan, zoals een aankooporder die een gebeurtenis in een bestelling registreert. Dat wil zeggen, *hoe* weten we dat er een gebeurtenis heeft plaatsgevonden?	Factuur, contract, overeenkomst, rekening, aankooporder, bekeuring snelheidsovertreding, pakbon, handelsbevestiging
Maatregel	Tellingen, bedragen, enz. van de andere categorieën (wat, waar) op of over punten in de tijd (wanneer).	Verkoop, Posttelling, Betalingen, Saldo

Tabel 2: Veelgebruikte Entiteitscategorieën

Figuur 17 toont verschillende kardinaliteitsrelaties. Een organisatie heeft een of meer werknemers in dienst. Een Werknemer kan nul, één of vele afhankelijkheden ondersteunen. Maar een Werknemer heeft slechts één baan gedurende een bepaalde periode. Kardinaliteitsrelaties zijn een manier om regels en verwachtingen met betrekking tot data vast te leggen. Als uit data blijkt dat een Werknemer meer dan één Functie heeft gedurende een bepaalde periode, dan zit er een fout in de data, of breekt de organisatie een regel.

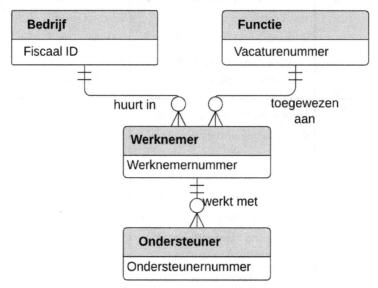

Figuur 17: Relationeel datamodel met kardinaliteit

Attribuut

Een eigenschap is een eigenschap die een entiteit identificeert, beschrijft of meet. De fysieke correspondent van een attribuut in een entiteit is een kolom, veld, tag of knooppunt in een tabel, view, document, grafiek of bestand. In het voorbeeld in de figuur 18 heeft de entiteit Organisatie de attributen Organisatie Fiscaal ID, Organisatie telefoonnummer en Organisatie Naam. Werknemer heeft de attributen Werknemersnummer, Werknemer Voornaam, Werknemer Achternaam en Werknemer Geboortedatum. Ondersteuner en functiedetails hebben attributen die hun kenmerken beschrijven.

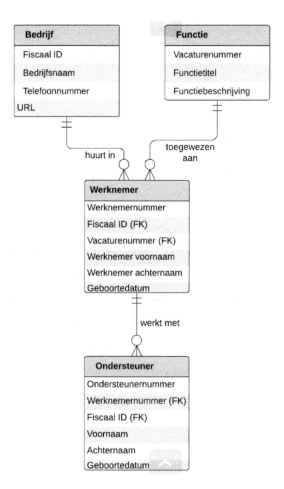

Figuur 18: Relationeel model met attributen en primaire sleutels

Domein

Bij datamodellering is een domein de complete set van mogelijke waarden die aan een attribuut kan worden toegekend. Een domein biedt een middel om de kenmerken van de attributen te standaardiseren en beperkt de data die in het veld kunnen worden ingevuld. Zo kan bijvoorbeeld het domein Datum, dat alle mogelijke geldige datums bevat, worden toegewezen aan elk datumattribuut in een logisch datamodel of aan datumkolommen/-velden in een fysiek datamodel zoals:

- InhuurdatumWerknemer
- OrderInvoerdatum
- ClaimAangiftedatum
- CursusStartdatum

Domeinen zijn cruciaal om de kwaliteit van de data te begrijpen. Alle waarden binnen het domein zijn geldige waarden. Die buiten het domein worden aangeduid als ongeldige waarden. Een attribuut mag geen waarden bevatten buiten het toegewezen domein. Het domein voor InhuurdatumWerknemer kan eenvoudigweg worden gedefinieerd als geldige data. Onder deze regel omvat het domein voor InhuurdatumWerknemer geen 30 februari van enig jaar.

DATAMODELLERING EN -BEHEER

Data Modelleren is een proces van het ontdekken en documenteren van informatie die cruciaal is voor het inzicht van een organisatie in zichzelf door middel van haar data. Modellen leggen kennis vast en maken gebruik van kennis binnen een organisatie mogelijk. (Dat wil zeggen, ze zijn een kritische vorm van en bron van metadata.) Ze kunnen zelfs worden gebruikt om de kwaliteit van die informatie te verbeteren, door het afdwingen van naamgevingsconventies en andere standaarden die informatie consistenter en betrouwbaarder maken.

Data-analisten en ontwerpers treden op als intermediair tussen de informatieconsumenten (de mensen met zakelijke behoeften aan data) en de dataproducenten die de data in bruikbare vorm vastleggen. Dataprofessionals moeten de databehoefte van de informatieconsumenten en de applicatievereisten van de dataproducenten met elkaar in evenwicht brengen.

Dataontwerpers moeten ook de zakelijke belangen op de korte termijn afwegen tegen die op de lange termijn. Informatieconsumenten hebben tijdig data nodig om te kunnen voldoen aan hun verplichtingen op korte termijn en om de voordelen te benutten van de huidige mogelijkheden. Projectteams voor systeemontwikkeling moeten voldoen aan tijds- en budgetbeperkingen. Ze moeten echter ook voldoen aan de langetermijnbelangen van alle belanghebbenden door ervoor te zorgen dat de data van een organisatie opgeslagen is in datastructuren die veilig, herstelbaar, deelbaar en herbruikbaar zijn, en dat deze data zo correct, tijdig, relevant en bruikbaar mogelijk zijn. Daarom moeten datamodellen en databaseontwerpen een redelijk evenwicht bieden tussen de korte- en langetermijnbehoeften van de onderneming.

WAT U MOET WETEN

- Architectuur is cruciaal voor het vermogen van een organisatie om zichzelf te begrijpen - haar systemen, haar data en de relatie tussen bedrijfs- en technische processen.

- Een strategische benadering van de totale architectuur stelt een organisatie in staat om betere beslissingen te nemen.

- De data-architectuur is erop gericht om een organisatie in staat te stellen om expliciete kennis over de eigen data te begrijpen en vast te leggen.

- De metadata die door middel van data-architectuurprocessen worden gecreëerd en beheerd, is van cruciaal belang voor het gebruik en het beheer van data in de loop van de tijd.

- Datamodellering is cruciaal voor datamanagement omdat datamodellen entiteiten definiëren die belangrijk zijn voor de organisatie, de datavereisten beknopt vastleggen en de regels en relaties verduidelijken die nodig zijn om de data en de kwaliteit van de data te beheren.

HOOFDSTUK 7

Prepareren en onderhouden van data

De focus van ontwerpwerkzaamheden, zoals data-architectuur en datamodellering, is om inzicht te geven in hoe applicaties die bruikbare, toegankelijke en actuele data beschikbaar maken voor de organisatie, het beste kunnen worden opgezet. Als de data eenmaal zijn opgesteld in warehouses, marts en applicaties, is er veel operationeel werk nodig om de data te onderhouden, zodat ze aan de eisen van de organisatie blijven voldoen. In dit hoofdstuk worden de datamanagementfuncties beschreven die zich richten op het mogelijk maken en onderhouden van data, inclusief:

- Dataopslag en operaties
- Dataintegratie en -interoperabiliteit
- Data Warehousing

- Beheer van referentiegegevens
- Beheer van stamgegevens
- Document- en contentmanagement
- Opslag van grote hoeveelheden data

DATAOPSLAG EN -BEWERKING

De dataopslag en de operationele functie is waar veel mensen aan denken als ze denken aan het traditionele datamanagement. Dit is het zeer technische werk dat wordt uitgevoerd door databasebeheerders (DBA's) en netwerkopslagbeheerders (NSA's) om ervoor te zorgen dat de dataopslag systemen toegankelijk en performant zijn en dat de data integriteit wordt gehandhaafd. Het werk van data opslag en operaties is essentieel voor organisaties die afhankelijk zijn van data om hun zaken te doen.

Databasebeheer wordt soms gezien als een monolithische functie, maar DBA's spelen een andere rol. Ze kunnen ondersteuning bieden aan productieomgevingen, ontwikkelingswerk of specifieke applicaties en procedures. DBA-werkzaamheden worden beïnvloed door de algehele databasestructuur van een organisatie (bijv. gecentraliseerd, gedistribueerd, gefedereerd; strak of losjes gekoppeld), maar ook door de manier waarop databases zelf zijn georganiseerd (hiërarchisch, relationeel of niet-relatief). Met de opkomst van nieuwe technologieën zijn DBA's en NSA's verantwoordelijk voor het creëren en beheren van virtuele omgevingen (cloud computing). Omdat dataopslagomgevingen vrij complex zijn, zoeken DBA's naar manieren om de complexiteit te verminderen of in ieder geval te beheren door middel van automatisering, herbruikbaarheid en de toepassing van standaarden en best practices.

Hoewel DBA's ver verwijderd kunnen lijken van de data governance-functie, is hun kennis van de technische omgeving essentieel voor de implementatie van richtlijnen voor data governance met betrekking tot zaken als toegangscontrole, dataprivacy en databeveiliging. Ervaren DBA's zijn ook instrumenteel om organisaties in staat te stellen nieuwe technologieën toe te passen en te gebruiken.

Bij dataopslag en -operaties gaat het om het beheer van data over de gehele levenscyclus, van het verkrijgen van data tot het zuiveren ervan. DBA's dragen bij aan dit proces door:

- Vaststelling van de opslagvereisten
- Vaststelling van de toegangsvereisten
- Het ontwikkelen van database-instanties
- Beheer van de fysieke opslagomgeving
- Laaddata
- Het repliceren van data
- Traceren van gebruikspatronen
- Planning voor bedrijfscontinuïteit
- Beheer van back-up en herstel
- Beheer van databaseprestaties en -beschikbaarheid
- Beheer van alternatieve omgevingen (bijv. voor ontwikkeling en testen)
- Beheer van datamigratie
- Volgen van data
- Het mogelijk maken van dataaudits en validatie

Kortom, DBA's zorgen ervoor dat de motoren draaien. Ze zijn ook als eerste ter plaatse als databases niet meer beschikbaar zijn.

DATAINTEGRATIE EN INTEROPERABILITEIT

Terwijl de activiteiten op het gebied van dataopslag en -operaties gericht zijn op de omgevingen voor de opslag en het onderhoud van data, omvatten de activiteiten op het gebied van dataintegratie en -interoperabiliteit (DII) processen voor het verplaatsen en consolideren van data binnen en tussen databanken en -applicaties. Integratie consolideert data in consistente vormen, hetzij fysiek hetzij virtueel. Data Interoperabiliteit is de mogelijkheid voor meerdere systemen om te communiceren. De te integreren data zijn meestal afkomstig van verschillende systemen binnen een organisatie. Steeds vaker integreren organisaties ook externe data met data die ze produceren.

DII-oplossingen maken de basisdatamanagementfuncties mogelijk waarvan de meeste organisaties afhankelijk zijn:

- Datamigratie en -conversie
- Dataconsolidatie in hubs of marts
- Integratie van leverancierssoftwarepakketten in het applicatieportfolio van een organisatie
- Delen van data tussen applicaties en tussen organisaties
- Verspreiding van data over data stores en data centers
- Archivering van de data
- Beheer van data-interfaces
- Verkrijgen en invoeren van externe data

- Integratie van gestructureerde en ongestructureerde data
- Het verstrekken van operationele kennis en ondersteuning bij managementbeslissingen

De implementatie van Data Integratie & Interoperabiliteit processen en oplossingen heeft tot doel:

- Data beschikbaar te stellen in het formaat en het tijdsbestek dat de consument van de data nodig heeft, zowel voor de mens als voor het systeem.
- Data fysiek en virtueel te consolideren in dataknooppunten
- Kosten te verlagen en de complexiteit van het beheer van oplossingen te reduceren door het ontwikkelen van gedeelde modellen en interfaces
- Benoemen van zinvolle gebeurtenissen (kansen en bedreigingen) en activeren van automatisch waarschuwingen en acties
- Ondersteuning van Business Intelligence, analytics, Master Datamanagement en operationele efficiëntie inspanningen

Bij het ontwerp van DII-oplossingen moet rekening worden gehouden met het feit dat het om een DII-oplossing gaat:

- **Change data capture**: Hoe zorg je ervoor dat de data correct worden bijgewerkt?
- **Vertraging (latency)**: De tijd die verstrijkt tussen het moment waarop de data worden gecreëerd of vastgelegd en het moment waarop ze beschikbaar worden gesteld voor gebruik.

- **Replicatie**: Hoe de data worden verspreid om de performance te garanderen
- **Orkestratie**: Hoe verschillende processen worden georganiseerd en uitgevoerd om de dataconsistentie en - continuïteit te behouden

De belangrijkste drijfveer voor DII is ervoor te zorgen dat data efficiënt naar en van verschillende databanken gaan, zowel binnen de organisatie als tussen organisaties onderling. Het is zeer belangrijk om te ontwerpen met het oog op het verminderen van de complexiteit. De meeste ondernemingen hebben honderden, soms duizenden databases. Als DII niet efficiënt wordt beheerd, kan het beheer van interfaces een IT-organisatie overweldigen.

Vanwege de complexiteit is DII afhankelijk van andere gebieden van datamanagement, waaronder:

- **Data Governance**: Voor het besturen van de transformatieregels en berichtstructuren
- **Data-Architectuur**: Voor het ontwerpen van oplossingen
- **Databeveiliging**: Om ervoor te zorgen dat oplossingen de beveiliging van data op de juiste manier beschermen, of het nu gaat om aanhoudende, virtuele of in beweging zijnde data tussen toepassingen en organisaties
- **Metadata**: Voor het bijhouden van de technische inventaris van data (persistent, virtueel en in beweging), de bedrijfsbetekenis van de data, de bedrijfsregels voor het

transformeren van de data, en de operationele geschiedenis en de herkomst van data.

- **Dataopslag en operaties**: Voor het beheer van de fysieke manifestatie van de oplossingen

- **Datamodellering en -ontwerp**: Voor het ontwerpen van de datastructuren, inclusief fysieke persistentie in databases, virtuele datastructuren en berichten die informatie doorgeven tussen applicaties en organisaties.

Data Integratie & Interoperabiliteit is cruciaal voor Data Warehousing & Business Intelligence, evenals Reference Data en Master Datamanagement, omdat al deze data transformeren en integreren van meerdere bronsystemen naar geconsolideerde data-hubs en van hubs naar de doelsystemen waar het kan worden geleverd aan de data-consument, zowel systeem als mens.

Ook voor het opkomende gebied van Big-Datamanagement staat data-integratie en -interoperabiliteit centraal. Big Data probeert verschillende soorten data te integreren, waaronder data die gestructureerd en opgeslagen zijn in databases, ongestructureerde tekstdata in documenten of bestanden, andere soorten ongestructureerde data zoals audio, video en streaming data. Deze geïntegreerde data kunnen worden gedolven, gebruikt om voorspellende modellen te ontwikkelen en ingezet in operationele intelligence-activiteiten.

Bij de implementatie van DII dient een organisatie deze principes te volgen:

- **Neem een bedrijfsperspectief** in het ontwerp om toekomstige uitbreidbaarheid te garanderen, maar implementeer het door middel van iteratieve en incrementele levering.

- **De behoeften aan lokale data in evenwicht brengen met de behoeften aan centrale data**, met inbegrip van ondersteuning en onderhoud.

- **Zorgen voor verantwoordelijkheid** voor DII-ontwerp en - activiteit. Domeinexperts moeten worden betrokken bij het ontwerp en de wijziging van de regels voor datatransformatie, zowel persistente als virtuele.

DATAOPSLAG

Datawarehouses stellen organisaties in staat om data uit verschillende systemen te integreren in een gemeenschappelijk datamodel, ter ondersteuning van operationele functies, compliance-eisen en Business Intelligence (BI)-activiteiten. De warehousetechnologie is in de jaren tachtig van de vorige eeuw ontstaan en organisaties zijn in de jaren negentig begonnen met het bouwen van warehouses. Warehouses beloofden organisaties in staat te stellen hun data effectiever te gebruiken door de redundantie van data te verminderen en meer consistentie te bewerkstelligen.

De term *datawarehouse* impliceert dat alle data zich op één plaats bevinden, zoals in een fysiek magazijn. Maar datawarehouses zijn ingewikkelder dan dat. Ze bestaan uit meerdere onderdelen waar de data doorheen bewegen. Tijdens de verplaatsing kan de structuur en het formaat van de data worden gewijzigd, zodat ze kunnen worden samengebracht in gemeenschappelijke tabellen, van waaruit ze toegankelijk zijn. Ze kunnen rechtstreeks worden gebruikt voor rapportering of als input voor externe toepassingen.

Het bouwen van een warehouse vereist vaardigheden uit het hele spectrum van datamanagement, van de zeer technische vaardigheden die nodig zijn voor dataopslag, -operaties en -integratie, tot de besluitvormingsvaardigheden van data governance en data strategy leads. Het betekent ook het beheer van de fundamentele processen die het mogelijk maken dat data veilig, bruikbaar (via betrouwbare metadata) en van hoge kwaliteit zijn.

Er zijn verschillende manieren om een datawarehouse te bouwen. De aanpak van een organisatie hangt af van haar doelstellingen, strategie en architectuur. Wat de aanpak ook is, warehouses hebben gemeenschappelijke kenmerken:

- Warehouses slaan data van andere systemen op en maken deze toegankelijk en bruikbaar voor analyse.

- De opslag omvat het organiseren van de data op een manier die de waarde ervan verhoogt. In veel gevallen betekent dit dat warehouses effectief nieuwe data creëren die elders niet beschikbaar zijn.

- Organisaties bouwen warehouses omdat ze betrouwbare, geïntegreerde data beschikbaar moeten stellen aan geautoriseerde belanghebbenden.

- Magazijndata dienen vele doelen, van ondersteuning van de workflow tot operationeel management en voorspellende analyses.

De bekendste benaderingen van datawarehousing zijn gedreven door twee invloedrijke denkers, Bill Inmon en Ralph Kimball. Inmon definieert een *datawarehouse* als "een onderwerp georiënteerde, geïntegreerde, tijdvariabele en niet-vluchtige verzameling van data ter ondersteuning van het besluitvormingsproces van het management"[29]. Een genormaliseerd relationeel model wordt gebruikt om data op te slaan en te beheren. Figuur 19 illustreert de aanpak van Inmon, die de "Corporate Information Factory" wordt genoemd.

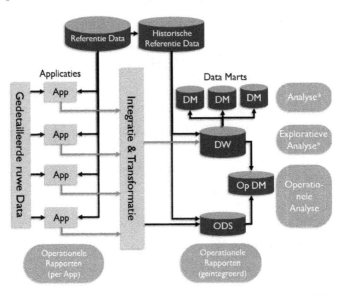

Figuur 19: Inmon's Corporate Information Factory (DMBOK2, p. 388)[30]

---

[29]https://bit.ly/2J6ve3u.

[30] Aangepast aan figuren in Inmon, W., Claudia Imhoff, en Ryan Sousa. *De Corporate Information Factory*. 2e ed. Wiley 2001.

Kimball definieert een datawarehouse als "een kopie van transactiedata die specifiek gestructureerd zijn voor query en analyse. "Figuur 20 illustreert de dimensionele aanpak van Kimball.

Nu we het derde decennium van het nieuwe millennium naderen, bouwen veel organisaties warehouses van de tweede en derde generatie of nemen ze Data Lakes over om data beschikbaar te stellen. Data Lakes maken meer data beschikbaar met een hogere snelheid, waardoor de mogelijkheid ontstaat om over te stappen van retrospectieve analyse van bedrijfstrends naar voorspellende analyses.

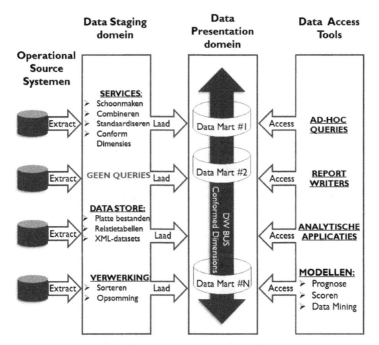

Figuur 20: Kimball's Data Warehouse Schaakstukken (DMBOK2, p. 390)[31]

---

[31] Aangepast aan de cijfers in *The Data Warehouse Toolkit*, 2nd Edition, Ralph Kimball en Margy Ross, John Wiley & Sons, 2002.

Het beheren van grotere data vergt extra kennis en planning. Maar het vereist ook het volgen van een aantal principes die fundamenteel zijn voor het beheer van magazijndata, waaronder:

- **Focus op bedrijfsdoelstellingen**: Zorg ervoor dat datawarehouse (DW) de prioriteiten van de organisatie dient en zakelijke problemen oplost. Dit vereist een strategisch perspectief, wat meestal een ondernemingsperspectief is.

- **Begin met het einde in gedachten**: DW-content moet worden aangestuurd door de domeinexperts en de omvang van de eind-datalevering voor BI.

- **Wereldwijd denken en ontwerpen; lokaal handelen en bouwen**: Laat de doelvisie de architectuur sturen, maar bouw en lever stapsgewijs op, door middel van gerichte projecten of sprints die een directer rendement op de investering mogelijk maken.

- **Samenvatten en optimaliseren als laatste, niet als eerste**: Voortbouwen op de atomaire data. Samenvoegen en samenvatten om aan de eisen te voldoen en de prestaties te garanderen, niet om het detail te vervangen.

- **Bevorderen van transparantie en zelfbediening**: Hoe meer context (bijv. met inbegrip van metadata van meerdere soorten), hoe beter de consument in staat zal zijn om waarde aan de data te ontlenen. Houd de belanghebbenden op de hoogte van de data en de processen waarmee deze worden geïntegreerd.

- **Bouw metadata met het datawarehouse**: Kritisch voor het succes van DW is de mogelijkheid om de data te verklaren. Bijvoorbeeld, het kunnen beantwoorden van basisvragen als "Waarom is deze som X?". "Hoe is dat berekend?" en "Waar komen de data vandaan?" Metadata moeten worden vastgelegd als onderdeel van de ontwikkelingscyclus en worden beheerd als onderdeel van lopende operaties.

- **Werk mee**: Samenwerken met andere data-initiatieven, met name die voor data governance, datakwaliteit en metadata.

- **Geen uniforme aanpak**: Gebruik de juiste hulpmiddelen en producten voor elke groep van dataconsumenten.

BEHEER VAN REFERENTIEGEGEVENS

Verschillende soorten data spelen verschillende rollen binnen een organisatie en hebben verschillende eisen op het gebied van datamanagement. Referentiegegevens (bijvoorbeeld code en beschrijvingstabellen) zijn data die alleen worden gebruikt om andere data in een organisatie te karakteriseren, of om data in een database te relateren aan informatie buiten de grenzen van de organisatie.[32]

Referentiegegevens bieden een context die cruciaal is voor de creatie en het gebruik van transactie- en stamgegevens. Het maakt het mogelijk om andere data op een zinvolle manier te begrijpen. Belangrijk is dat het een gedeelde bron is die op ondernemingsniveau

---

[32] Chisholm, 2008.

moet worden beheerd. Het hebben van meerdere exemplaren van dezelfde Referentiegegevens is inefficiënt en leidt onvermijdelijk tot inconsistentie tussen deze data. Inconsistentie leidt tot dubbelzinnigheid, en dubbelzinnigheid brengt risico's met zich mee voor een organisatie.

Reference Datamanagement (RDM) houdt controle in over gedefinieerde domeinwaarden en hun definities. Het doel van RDM is ervoor te zorgen dat de organisatie toegang heeft tot een volledige set van nauwkeurige en actuele waarden voor elk vertegenwoordigd concept.

Omdat het een gedeelde bron is en de interne grenzen van de organisatie overschrijdt, zijn eigendom en verantwoordelijkheid voor Referentiegegevens voor sommige organisaties een uitdaging. Sommige referentiegegevens zijn afkomstig van buiten de organisatie, andere Referentiegegevens kunnen binnen een afdeling worden gecreëerd en onderhouden, maar hebben potentiële waarde elders in een organisatie. Het bepalen van de verantwoordelijkheid voor het verkrijgen van data en het toepassen van updates maakt deel uit van het beheer ervan. Een gebrek aan verantwoordelijkheid brengt risico's met zich mee, aangezien verschillen in Referentiegegevens kunnen leiden tot misverstanden over de context van de data (bijvoorbeeld wanneer twee business units verschillende waarden hebben om hetzelfde concept te classificeren).

Referentiegegevens lijken vaak eenvoudiger dan andere data omdat referentiegegevensreeksen over het algemeen kleiner zijn dan andere soorten data. Ze hebben minder kolommen en minder rijen. Zelfs een grote referentiegegevensset, zoals het USPS postcodebestand, is klein in verhouding tot de dagelijkse financiële transacties van zelfs een middelgrote retailer. Referentiegegevens zijn over het algemeen ook minder vluchtig dan andere vormen van data. Op enkele opmerkelijke uitzonderingen na (zoals valutawisselkoersdata) veranderen referentiegegevens zelden.

De uitdaging met het beheer van de referentiegegevens gaat gepaard met het gebruik ervan. Om het beheer van referentiegegevens effectief te laten zijn (waarden die actueel en consistent zijn in meerdere applicaties en toepassingen), moet het worden beheerd door middel van technologie die de consumenten van menselijke en systeemdata in staat stelt om op een tijdige en efficiënte manier toegang te krijgen tot deze data op meerdere platformen.

Net als bij het beheer van andere vormen van data, vereist het beheer van referentiegegevens planning en ontwerp. Architectuur- en referentiegegevensmodellen moeten rekening houden met de manier waarop referentiegegevens worden opgeslagen, onderhouden en gedeeld. Omdat het een gedeelde bron is, vereist het een hoge mate van rentmeesterschap. Om de meeste waarde te halen uit een centraal beheerd referentiegegevenssysteem, moet een organisatie een bestuursbeleid opstellen dat het gebruik van dat systeem vereist en voorkomt dat mensen hun eigen kopieën van referentiegegevenssets onderhouden. Dit kan een niveau van verandermanagement vereisen, omdat het een uitdaging kan zijn om mensen hun spreadsheets op te laten geven voor het welzijn van de onderneming.

BEHEER VAN STAMGEGEVENS

Net als Referentiegegevens is Masterdata een gedeelde bron. Stamgegevens zijn data over de bedrijfsonderdelen (bijv. werknemers, klanten, producten, leveranciers, financiële structuren, bedrijfsmiddelen en locaties) die de context vormen voor zakelijke transacties en analyses. Een entiteit is een werkelijk object (zoals een persoon, organisatie, plaats of ding). Entiteiten worden vertegenwoordigd door entiteiten, in de vorm van data / records. Stamgegevens moeten de gezaghebbende, meest accurate data vertegenwoordigen die beschikbaar zijn over de belangrijkste bedrijfsentiteiten. Wanneer ze goed beheerd worden, worden de Master Data waarden vertrouwd en kunnen ze met vertrouwen gebruikt worden.

Master Datamanagement (MDM) houdt in dat er controle is over de Master Data waarden en identificatoren die een consistent gebruik van de meest accurate en tijdige data over essentiële bedrijfsonderdelen mogelijk maken, over de verschillende systemen heen. Het doel is onder meer de beschikbaarheid van nauwkeurige, actuele waarden te garanderen en tegelijkertijd het risico op dubbelzinnige identificatoren te verminderen.

Simpeler gezegd: als mensen denken aan hoogwaardige data, denken ze meestal aan goed beheerde masterdata. Zo wordt bijvoorbeeld een dossier van een klant dat volledig, accuraat, actueel en bruikbaar is, beschouwd als "goed beheerd". Vanuit dit dossier moeten ze in staat zijn om een historisch begrip van die klant bij elkaar te brengen. Als ze voldoende informatie hebben, kunnen ze de acties van die klant voorspellen of beïnvloeden.

Master Datamanagement is een uitdaging. Het illustreert een fundamentele uitdaging met data: mensen kiezen verschillende manieren om gelijkaardige concepten te representeren en de verzoening tussen deze representaties is niet altijd even eenvoudig. Net zo belangrijk is dat de informatie in de loop van de tijd verandert en dat er systematisch rekening moet worden gehouden met deze veranderingen, waarbij planning, datakennis en technische vaardigheden nodig zijn. Kortom, er is werk nodig, ook op het gebied van data stewardship en governance, om Master Data te beheren.

Elke organisatie die de noodzaak van MDM heeft ingezien, heeft waarschijnlijk al een complex systeemlandschap, met meerdere manieren om verwijzingen naar entiteiten in de echte wereld vast te leggen en op te slaan. Als gevolg van de organische groei in de loop van de tijd en door fusies en overnames, kunnen de systemen die de input voor het MDM-proces hebben geleverd, verschillende definities van de entiteiten zelf hebben en zeer waarschijnlijk verschillende normen voor de kwaliteit van de data hebben. Vanwege deze complexiteit is het het beste om met Master Datamanagement één datadomein tegelijk te benaderen. Begin klein, met een handvol attributen, en bouw in de loop van de tijd uit. De planning voor Master Datamanagement omvat een aantal basisstappen. Binnen een domein:

- Kandidaat-bronnen identificeren die een volledig beeld geven van de stamgegevensentiteiten

- Ontwikkelen van regels voor het nauwkeurig matchen en samenvoegen van entiteit instanties
- Een aanpak vaststellen om verkeerd gematchte en samengevoegde data te identificeren en te herstellen
- Een aanpak vaststellen voor de verspreiding van betrouwbare data naar systemen in de hele onderneming

Het uitvoeren van het proces is echter niet zo eenvoudig als deze stappen het laten klinken. MDM is een levenscyclusmanagement proces. Daarnaast moet Master Data niet alleen binnen een MDM-systeem worden beheerd, maar ook beschikbaar worden gesteld voor gebruik door andere systemen en processen. Dit vraagt om technologie die het delen en terugkoppelen mogelijk maakt. Het moet ook worden ondersteund door beleid dat vereist dat systemen en bedrijfsprocessen de Master Data waarden gebruiken en voorkomen dat ze hun eigen "versies van de waarheid" creëren. Toch heeft Master Datamanagement veel voordelen. Goed beheerde Masterdata verbetert de efficiëntie van de organisatie en vermindert de risico's die gepaard gaan met verschillen in de datastructuur tussen systemen en processen. Het creëert ook mogelijkheden voor het verrijken van sommige categorieën van data. Zo kunnen bijvoorbeeld klant- en klantdata worden aangevuld met informatie uit externe bronnen, zoals leveranciers die marketing- of demografische data verkopen.

DOCUMENT- EN CONTENTMANAGEMENT

Documenten, dossiers en content (bijvoorbeeld de informatie die op internet en intranetsites is opgeslagen) vormen een vorm van data met verschillende managementvereisten. Document- en contentmanagement houdt in dat de vastlegging, de opslag, de toegang en het gebruik van data en informatie die buiten relationele databases zijn opgeslagen, worden gecontroleerd.[33] Net als andere soorten data wordt van documenten en ongestructureerde content verwacht dat ze veilig en van hoge kwaliteit zijn. Het waarborgen van hun veiligheid en kwaliteit vereist governance, een betrouwbare architectuur en goed beheerde metadata.

Document- en contentmanagement richt zich op het behoud van de integriteit van en de toegang tot documenten en andere ongestructureerde of semi-gestructureerde informatie; dit maakt het ruwweg gelijkwaardig aan data operations management voor relationele databases. Het heeft echter ook strategische drijfveren. De belangrijkste zakelijke drijfveren voor document- en contentmanagement zijn de naleving van de regelgeving, de mogelijkheid om te reageren op rechtszaken en e-discovery verzoeken, en de bedrijfscontinuïteitsvereisten.

Document Management is de algemene term die wordt gebruikt om de opslag, de inventaris en de controle van elektronische en papieren documenten te beschrijven. Het omvat de technieken en technologieën voor het controleren en organiseren van documenten gedurende hun hele levenscyclus.

---

[33] De soorten ongestructureerde data zijn sinds het begin van de jaren 2000 geëvolueerd, omdat de vaardigheid om digitale informatie vast te leggen en op te slaan is gegroeid. Het concept van *ongestructureerde data* verwijst nog steeds naar data die niet vooraf zijn gedefinieerd door middel van een datamodel, al dan niet relationeel.

Records Management is een gespecialiseerde vorm van documentbeheer die zich richt op records - documenten die het bewijs leveren van de activiteiten van een organisatie. Deze activiteiten kunnen gebeurtenissen, transacties, contracten, correspondentie, beleid, beslissingen, procedures, operaties, personeelsdossiers en jaarrekeningen zijn. Records kunnen fysieke documenten, elektronische bestanden en berichten zijn, of de inhoud van een database.

Documenten en andere digitale middelen, zoals video's, foto's, etc., bevatten informatie. *Content Management* verwijst naar de processen, technieken en technologieën voor het organiseren, categoriseren en structureren van informatiebronnen, zodat deze op meerdere manieren kunnen worden opgeslagen, gepubliceerd en hergebruikt. Content kan vluchtig of statisch zijn. Het kan formeel worden beheerd (strikt opgeslagen, beheerd, geauditeerd, bewaard of verwijderd) of informeel door middel van ad-hoc updates. Content management is vooral belangrijk in websites en portalen, maar de technieken van indexering op basis van trefwoorden en het organiseren op basis van taxonomieën kunnen worden toegepast op verschillende technologieplatforms.

Succesvol beheer van documenten, dossiers en andere vormen van gedeelde content vereist:

- Planning, met inbegrip van het opstellen van beleid voor verschillende soorten toegang en afhandeling
- Definiëren van de informatiearchitectuur en de metadata die nodig zijn ter ondersteuning van een contentstrategie

- Het mogelijk maken van het beheer van de terminologie, met inbegrip van ontologieën en taxonomieën, die nodig zijn om verschillende vormen van content te organiseren, op te slaan en terug te vinden.

- Het invoeren van technologieën die het beheer van de levenscyclus van de content mogelijk maken, van het creëren of vastleggen van content tot het maken van versies, en het waarborgen van de veiligheid van de content.

Voor archieven is het bewaar- en verwijderingsbeleid van cruciaal belang. Registers moeten gedurende de vereiste tijd worden bewaard en moeten worden vernietigd zodra aan de bewaringsvereisten is voldaan. Zolang ze bestaan, moeten de dossiers toegankelijk zijn voor de juiste personen en processen en moeten ze, net als andere content, via de juiste kanalen worden aangeleverd. Om deze doelen te bereiken, hebben organisaties contentmanagementsystemen (CMS) nodig, evenals tools om de metadata te creëren en te beheren die het gebruik van content ondersteunen. Ze vereisen ook governance om toezicht te houden op het beleid en de procedures die het gebruik van content ondersteunen en misbruik te voorkomen; deze governance stelt de organisatie in staat om op een consistente en passende manier te reageren op rechtszaken.

OPSLAG VAN GROTE HOEVEELHEDEN DATA

Big Data en Data Science houden verband met belangrijke technologische veranderingen die mensen in staat hebben gesteld steeds grotere hoeveelheden data te genereren, op te slaan en te analyseren en die data te gebruiken om gedrag te voorspellen en te beïnvloeden, maar ook om inzicht te krijgen in een reeks belangrijke onderwerpen, zoals de gezondheidszorg, het beheer van natuurlijke hulpbronnen en economische ontwikkeling.

Vroege pogingen om de betekenis van Big Data te definiëren karakteriseren het in de termen VSV: Volume, Snelheid, Verscheidenheid.[34] Naarmate meer organisaties het potentieel van Big Data beginnen te benutten, is deze lijst uitgebreid:

- **Volume:** Verwijst naar de hoeveelheid data. Big Data heeft vaak duizenden entiteiten of elementen in miljarden records.

- **Snelheid:** Verwijst naar de snelheid waarmee data worden vastgelegd, gegenereerd of gedeeld. Big Data wordt vaak gegenereerd en kan ook in real-time worden gedistribueerd en zelfs geanalyseerd.

- **Verscheidenheid / Variabiliteit:** Verwijst naar de vormen waarin data worden vastgelegd of geleverd. Voor Big Data is opslag van meerdere formaten nodig. De datastructuur is vaak inconsistent binnen of tussen de datasets.

- **Viscositeit:** Verwijst naar hoe moeilijk de data te gebruiken of te integreren zijn.

- **Volatiliteit:** Verwijst naar hoe vaak de data veranderen en dus hoe lang de data nuttig zijn.

---

[34] Laney, 2001.

- **Waarheidsgetrouwheid:** Verwijst naar hoe betrouwbaar de data zijn.

Het benutten van Big Data vereist veranderingen in technologie en bedrijfsprocessen en in de manier waarop data worden beheerd. De meeste datawarehouses zijn gebaseerd op relationele modellen. Big Data is over het algemeen niet georganiseerd in een relationeel model. Datawarehousing is afhankelijk van het concept van ETL (extract, transform, load). Big Data oplossingen, zoals data lakes, zijn afhankelijk van het concept van *ELT* - laden en *vervolgens* transformeren. Dit betekent dat veel van het voorbereidende werk dat nodig is voor de integratie niet wordt gedaan voor Big Data, maar voor het creëren van een datawarehouse op basis van een datamodel. Voor sommige organisaties en voor sommige toepassingen van data werkt deze aanpak, maar voor andere is het nodig om zich te richten op het gebruiksklaar maken van data.

De snelheid en het volume van de data vormen uitdagingen die verschillende benaderingen vereisen van kritieke aspecten van datamanagement, niet alleen data-integratie, maar ook metadatamanagement, en datakwaliteitsbeoordeling en -opslag (bijvoorbeeld op locatie, in een datacenter of in de cloud).

De belofte van Big Data - dat het een ander soort inzicht zal geven - hangt af van het kunnen beheren van Big Data. Door de grote variatie in bronnen en formaten vereist Big Data-management in veel opzichten meer discipline dan relationeel datamanagement. Elk van de termen uit de lijst kan leiden tot chaos.

Principes met betrekking tot Big Datamanagement zijn nog niet volledig uitgewerkt, maar één ervan is heel duidelijk: organisaties moeten metadata met betrekking tot Big Data bronnen zorgvuldig beheren om een nauwkeurige inventarisatie van de databestanden, hun herkomst en hun waarde te kunnen maken. Sommige mensen hebben zich afgevraagd of het nodig is om de kwaliteit van Big Data te beheren, maar de vraag zelf weerspiegelt een gebrek aan inzicht in de definitie van kwaliteit - geschiktheid voor het doel. Big Data, op zichzelf, maakt data niet geschikt voor het doel. Big Data brengt ook nieuwe ethische en veiligheidsrisico's met zich mee die door data governance-organisaties moeten worden verantwoord (zie hoofdstuk 4).

Big Data kan worden gebruikt voor een scala aan activiteiten, van datamining tot machinaal leren en voorspellende analyses. Maar om daar te komen, moet een organisatie een uitgangspunt en een strategie hebben. De Big Data strategie van een organisatie moet in lijn zijn met de algemene bedrijfsstrategie en deze ondersteunen. Het moet evalueren:

- **Welke problemen de organisatie probeert op te lossen. Waarvoor het analyses nodig heeft:** Een organisatie kan bepalen dat de data moeten worden gebruikt om het bedrijf of de bedrijfsomgeving te begrijpen; om ideeën over de waarde van nieuwe producten te bewijzen; om een hypothese te onderzoeken; of om een nieuwe manier van zakendoen uit te vinden. Het is belangrijk om een 'entreepoort en checkpoint'-proces op te zetten om de waarde en haalbaarheid van initiatieven te evalueren.

- **Welke databronnen te gebruiken of te verwerven:** Interne bronnen kunnen gemakkelijk te gebruiken zijn, maar kunnen ook beperkt zijn in omvang. Externe bronnen kunnen nuttig zijn, maar vallen buiten de operationele controle (beheerd door anderen, of niet gecontroleerd door iemand, zoals in het geval van sociale media). Veel leveranciers concurreren als datamakelaars en vaak bestaan er meerdere bronnen voor de gewenste datasets. Het verwerven van data die integreert met reeds bestaande items kan de totale investeringskosten verminderen.

- **De tijdigheid en de reikwijdte van de data om deze te verstrekken:** Veel elementen kunnen in real-time worden aangeleverd, in snapshots op een bepaald moment, of zelfs geïntegreerd en samengevat. Kleine vertraging is ideaal, maar gaat vaak ten koste van machine-learning mogelijkheden - er is een groot verschil tussen rekenkundige algoritmes die gericht zijn op geregistreerde data versus streaming. Minimaliseer niet het niveau van integratie dat nodig is voor downstream gebruik.

- **De impact op en de relatie met andere datastructuren:** Mogelijk moet u wijzigingen aanbrengen in de structuur of de content van andere datastructuren om deze geschikt te maken voor integratie met Big Data-sets.

- **Invloeden op bestaande gemodelleerde data:** Inclusief uitbreiding van de kennis over klanten, producten en marketingbenaderingen.

De strategie zal de reikwijdte en de timing van de Big Data-roadmap van de organisatie bepalen.

Veel organisaties integreren Big Data in hun totale datamanagementomgeving (zie figuur 21). De data gaan van bronsystemen naar een staging area, waar ze kunnen worden opgeschoond en verrijkt. Vervolgens wordt het geïntegreerd en opgeslagen in het datawarehouse (DW) en/of een operationele data store (ODS). Vanuit het DW kunnen gebruikers via marts of kubussen toegang krijgen tot de data en deze gebruiken voor verschillende soorten rapportages. Big Data doorloopt een vergelijkbaar proces, maar met een belangrijk verschil: terwijl de meeste warehouses data integreren voordat ze in tabellen worden aangeland, nemen Big Data oplossingen data op voordat ze worden geïntegreerd. Big Data BI kan voorspellende analyses en datamining omvatten, maar ook meer traditionele vormen van rapportage.

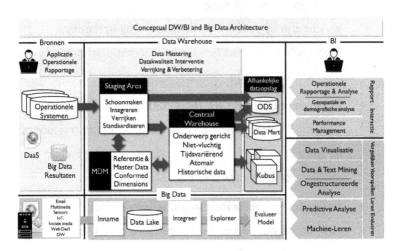

Figuur 21: Conceptuele DW/BI en Big Data Architectuur (DMBOK2, p. 391)

WAT U MOET WETEN

- De processen die worden gebruikt om data mogelijk te maken en te onderhouden zijn breed, gevarieerd en voortdurend in ontwikkeling.

- Verschillende soorten data hebben specifieke onderhoudsvereisten, maar voor alle soorten moet een organisatie rekening houden met de volatiliteit van de data (het tempo, de timing en de soorten verwachte veranderingen) en met de kwaliteit (geschiktheid voor het doel).

- Een goede planning en een goed ontwerp kunnen helpen om de complexiteit van deze processen te verminderen.

- Betrouwbare en geschikte technologie en een gedisciplineerde uitvoering van operationele processen zijn cruciaal voor het vermogen van een organisatie om haar data te beheren.

- Zelfs als data en technologie evolueren (bijvoorbeeld van documenten naar Big Data), gelden dezelfde basisprincipes voor het beheer ervan.

HOOFDSTUK 8

Gebruik en verbetering van data

Een kenmerk van data dat het onderscheidt van andere bedrijfsmiddelen is dat het niet wordt "verbruikt" wanneer het wordt gebruikt. Verschillende mensen en processen kunnen zelfs dezelfde data op hetzelfde moment gebruiken, of dezelfde data meerdere malen gebruiken zonder ze te consumeren.[35] Niet alleen is data niet op te gebruiken, maar veel toepassingen van data creëren ook daadwerkelijk meer data. Bijvoorbeeld, aggregaties en berekeningen van bestaande datasets creëren nieuwe datasets, net als voorspellende modellen die door Data Scientists worden gemaakt. In veel gevallen zullen deze nieuwe datasets verder worden geproduceerd en bijgewerkt. Ze vereisen beheer. Ze moeten worden gedefinieerd en

---

[35] Aiken & Billings, 2014.

ondersteund via metadata. Ook moeten de verwachtingen met betrekking tot de kwaliteit ervan worden gedefinieerd. De toegang tot en het gebruik van deze data moet worden geregeld.

In dit hoofdstuk wordt ingegaan op activiteiten binnen de levenscyclus van de data waarbij data worden gebruikt en verbeterd, waaronder:

- Gebruik van master data
- Business Intelligence
- Data Science
- Analytics
- Datavisualisatie
- Datamonetisering

GEBRUIK VAN MASTER DATA

Masterdata wordt ingezet voor het verrijken van data. Goed beheerde masterdata stelt een organisatie in staat om een goed inzicht te hebben in de entiteiten (klanten, klanten, leveranciers, producten, etc.) die zij gebruikt.

In het beheerproces leert een organisatie meer over deze entiteiten - wat ze kopen, wat ze verkopen, hoe ze het beste kunnen worden gecontacteerd. Deze lessen kunnen worden opgeslagen op het niveau van de transactie of verzameld worden als masterdata (bijvoorbeeld adreswijzigingen, updates van contactdata, enz.). Transactiedata stellen hen ook in staat om aanvullende data te verkrijgen (bijv. voorkeuren van klanten of cliënten, koopgedrag en dergelijke). Dit is weer een bron voor de master data. Hoewel de dynamische interactie tussen de verschillende toepassingen van de data moet worden verantwoord in de planning van het totale datamanagement, is dit de bijzondere focus van masterdatamanagement.

BUSINESS INTELLIGENCE

De ontwikkeling van Business Intelligence-rapportage is een andere activiteit waarbij het gebruik van data resulteert in de creatie van nieuwe data die een niveau van doorlopend beheer vereisen.

De term *Business Intelligence* (BI) heeft twee betekenissen.

- In de eerste plaats verwijst het naar **een soort data-analyse** die gericht is op het begrijpen van organisatorische activiteiten en mogelijkheden. Wanneer mensen zeggen dat data de sleutel tot concurrentievoordeel bevat, verwoorden ze de belofte die inherent is aan Business Intelligence activiteit: dat als een organisatie de juiste vragen stelt over haar eigen data, ze inzichten kan krijgen over haar producten, diensten en klanten die haar in staat stellen om betere beslissingen te nemen over hoe ze haar strategische doelstellingen kan vervullen.

- Ten tweede verwijst *Business Intelligence naar* **een reeks technologieën die dit soort data-analyse ondersteunen.** BI-tools maken querying, datamining, statistische analyse, rapportage, scenariomodellering, datavisualisatie en dash-boarding mogelijk. Ze worden gebruikt voor alles, van budgettering tot operationele rapportering en van bedrijfsprestatiemetingen tot geavanceerde analyses.

BI is een primaire drijfveer voor datawarehousing, aangezien traditionele BI-activiteiten betrouwbare databronnen vereisen die geïntegreerd zijn voor gebruik. BI-tools moeten zowel de dataverkenning als de rapportage ondersteunen. BI kan snel evolueren als analisten data gebruiken. Een succesvol programma moet betrouwbare basisprocessen hebben om:

- De kerndata die in de BI-rapportage worden gebruikt, te onderhouden en te verbeteren en de opname van nieuwe data mogelijk te maken.

- De BI-toolset onderhouden en verbeteren

- Metadata met betrekking tot BI-rapporten beheren, zodat belanghebbenden de rapporten zelf begrijpen.

- Documenteer de herkomst van de data in rapporten, zodat de belanghebbenden weten waar de data vandaan komen.

- Zorg voor een feedbacklus voor de kwaliteit van de data, zodat de rapporten betrouwbaar blijven en er mogelijkheden zijn om ze te verbeteren.

Kortom, het beheer van de data die door een BI-programma worden gecreëerd, volgt de stappen van het levenscyclusbeheer die deel uitmaken van het totale datamanagement.

DATA SCIENCE

Data Science bestaat al heel lang. Vroeger heette het toegepaste statistiek. Maar het vermogen om datapatronen te onderzoeken heeft zich in de eenentwintigste eeuw snel ontwikkeld met de komst van Big Data-verzameling en -opslagtechnologieën.

Data Science combineert datamining, statistische analyse en machinaal leren met mogelijkheden voor data-integratie en datamodellering, om voorspellende modellen te bouwen die patronen identificeren. De term *Data Science* verwijst naar het proces van het ontwikkelen van voorspellende modellen. De data-analist (of Data Scientist) gebruikt de wetenschappelijke methode (observatie, hypothese, experiment, analyse en conclusie) om een analytisch of voorspellend model te ontwikkelen en te beoordelen.

De Data Scientist ontwikkelt een hypothese over gedrag dat kan worden waargenomen in de data voorafgaand aan een bepaalde actie. Zo wordt bijvoorbeeld de aankoop van een bepaald type item meestal gevolgd door de aankoop van een ander type item (de aankoop van een huis wordt meestal gevolgd door de aankoop van meubilair). Vervolgens analyseert de Data Scientist grote hoeveelheden historische data om te bepalen hoe vaak de hypothese in het verleden waar is geweest en om de waarschijnlijke nauwkeurigheid van het model statistisch te verifiëren.[36]

---

[36] Data Science-modellen, die logica (algoritmen) bevatten om data te verwerken en daaruit voorspellingen te doen, zijn niet hetzelfde als de datamodellen die in

Als een hypothese geldig is met voldoende frequentie, en als het gedrag dat het voorspelt nuttig is, dan kan het model de basis worden voor een operationeel intelligentieproces om toekomstig gedrag te voorspellen, mogelijk zelfs in real time zoals suggestieve verkoopadvertenties.

In sommige opzichten kan Data Science worden opgevat als een verlengstuk van BI. Op andere manieren brengt het de analyse en het gebruik van data echter op een heel ander niveau. Traditionele Business Intelligence biedt een achteruitkijkspiegel-rapportage - analyse van gestructureerde data om trends uit het verleden te beschrijven. In sommige gevallen worden BI-patronen gebruikt om toekomstig gedrag te voorspellen, maar niet met veel vertrouwen.

Tot voor kort was de diepgaande analyse van enorme datasets beperkt door de technologie. De analyses zijn gebaseerd op steekproeven of andere abstractiemiddelen om patronen te benaderen. Naarmate de vaardigheden om grote datasets te verzamelen en te analyseren is gegroeid, hebben Data Scientist methoden uit de wiskunde, statistiek, informatica, signaalverwerking, kansberekening, patroonherkenning, machinaal leren, onzekerheidsmodellering en datavisualisatie geïntegreerd om inzicht te krijgen en gedrag te voorspellen op basis van Big Data-sets. Kortom, Data Science heeft nieuwe manieren gevonden om kennis uit data te analyseren en te extraheren. In veel gevallen kan deze kennis worden vertaald naar economische waarde.

---

hoofdstuk 6 worden beschreven en die de structuur van data en de relaties tussen data-entiteiten en -attributen documenteren.

Omdat Big Data in datawarehousing en BI-omgevingen is gebracht, kunnen Data Science-technieken een vooruitziende blik ('voorruit') bieden op de organisatie. Voorspellende mogelijkheden, real-time en op basis van modellen, met behulp van verschillende soorten databronnen, bieden organisaties beter inzicht in waar ze naartoe gaan.

Data Science-modellen worden bronnen van data. Ze moeten worden gemonitord en ontgonnen voor inzichten. Net als andere vormen van wetenschap creëert Data Science nieuwe kennis en ook nieuwe hypothesen. Het testen van hypothesen resulteert in nieuwe modellen en nieuwe data. Al deze stukken hebben management nodig om in de loop van de tijd waarde te kunnen creëren. Modellen moeten worden 'getraind' en geëvalueerd. Nieuwe databronnen kunnen worden opgenomen in bestaande modellen. Net als bij andere data moet de levenscyclus van data ter ondersteuning van de Data Science worden verantwoord als onderdeel van de planning en de strategie.

VOORSPELLENDE EN PRESCRIPTIEVE ANALYSE

Veel van de Data Science is gericht op de wens om voorspellende modellen te creëren, hoewel niet iedereen die dergelijke modellen creëert en gebruikt, Data Scientist is. De eenvoudigste vorm van een voorspellend model is de prognose. Predictive Analytics is het subveld van begeleid machinaal leren, geworteld in de statistiek, waar gebruikers proberen om data-elementen te modelleren en toekomstige resultaten te voorspellen door middel van evaluatie van waarschijnlijkheidsramingen.

Predictive Analytics maakt gebruik van waarschijnlijkheidsmodellen op basis van variabelen (inclusief historische data) met betrekking tot mogelijke gebeurtenissen (aankopen, prijsveranderingen, enz.). Wanneer het model andere informatie ontvangt, zet het een reactie van de organisatie in gang. De aanleiding kan een gebeurtenis zijn, zoals een klant die een product toevoegt aan een online winkelmandje, of het kunnen data zijn in een datastroom, zoals een nieuwsfeed of sensordata van een nutsbedrijf, of een verhoogd volume aan serviceverzoeken. Een externe gebeurtenis kan ook een aanleiding zijn. Nieuws dat wordt gemeld over een bedrijf kan dienen als een voorspeller van een verandering in de aandelenkoers. Het voorspellen van de aandelenbeweging moet het monitoren van nieuws omvatten en het bepalen of het nieuws over een bedrijf waarschijnlijk goed of slecht is voor de aandelenkoers.

Vaak is de triggering factor de accumulatie van een groot volume aan actuele data, zoals een extreem hoog aantal transacties of verzoeken om service of de volatiliteit van de omgeving. Het monitoren van een data stroom omvat het stapsgewijs voortbouwen op de gevulde modellen totdat een drempel wordt bereikt die de trigger activeert.

De hoeveelheid tijd die een voorspellingsmodel biedt tussen de voorspelling en de gebeurtenis die wordt voorspeld, is vaak erg klein (in seconden of minder). Investeringen in zeer lage latency technologie-oplossingen, zoals in-memory databases, hogesnelheidsnetwerken en zelfs fysieke nabijheid van de bron van de data, optimaliseert het vermogen van een organisatie om te reageren op de voorspelling.

Prescriptieve analyse neemt voorspellende analyses een stap verder om acties te definiëren die de resultaten zullen beïnvloeden, in plaats van alleen maar de resultaten te voorspellen van acties die zich hebben voorgedaan. Prescriptieve analyse anticipeert op wat er zal gebeuren, wanneer het zal gebeuren, en impliceert waarom het zal gebeuren. Omdat prescriptieve analyse de implicaties van verschillende beslissingen kan laten zien, kan het suggereren hoe een kans kan worden benut of een risico kan worden vermeden. Prescriptieve analyses kunnen voortdurend nieuwe data opnemen om opnieuw te kunnen voorspellen en voorschrijven. Dit proces kan de nauwkeurigheid van de voorspellingen verbeteren en resulteren in betere voorschriften. De tabel 3geeft een samenvatting van de relatie tussen traditionele BI en Data Science.

Data Warehouse / Traditionele BI	Data Science / Voorspellende Analyse	Data Science / Prescriptive Analytics
Terugblikken	Inzicht	Vooruitzicht
Gebaseerd op de geschiedenis: Wat is er gebeurd? Waarom is het gebeurd?	Gebaseerd op voorspellende modellen: Wat zal er waarschijnlijk gebeuren?	Gebaseerd op scenario's: Wat moeten we doen om dingen te laten gebeuren?
Beschrijvend	Voorspellend	Prescriptief

Tabel 3: Vooruitgang van de analyse

DATAVISUALISATIE

Visualisatie is het proces van het interpreteren van concepten, ideeën en feiten met behulp van foto's of grafische voorstellingen. Datavisualisatie vergemakkelijkt het begrip van de onderliggende data door deze samen te vatten in een visuele vorm, zoals een grafiek. Datavisualisaties condenseren de karakteristieken van de data en kapselen ze in, waardoor ze gemakkelijker te zien zijn. Zo kunnen ze kansen aan de oppervlakte brengen, risico's identificeren of berichten markeren.[37]

Visualisatie is al lange tijd van cruciaal belang voor de analyse van data. Traditionele BI-tools omvatten visualisatieopties zoals tabellen, taartdiagrammen, lijndiagrammen, spreidings-diagrammen, staafdiagrammen, histogrammen en boxplots (ook wel kandelaarpatronen genoemd).

Figuur 22, een controlediagram, is een klassiek voorbeeld van datavisualisatie. Het stelt de kijker in staat om snel te begrijpen hoe de data in de loop van de tijd zijn veranderd. Afhankelijk van wat de grafiek laat zien, kan een analist de details nader bekijken.

---

[37] Datavisualisatie is een evoluerend veld, maar de principes die eraan ten grondslag liggen zijn gebaseerd op ontwerpprincipes. Zie Tufte (2001) en McCandless (2012). Er bestaan tal van webgebaseerde bronnen met voorbeelden en tegenvoorbeelden. Zie de Periodieke Tabel van Visualisatiemethoden op Visual Literacy.Org https://bit.ly/IX1bvI.

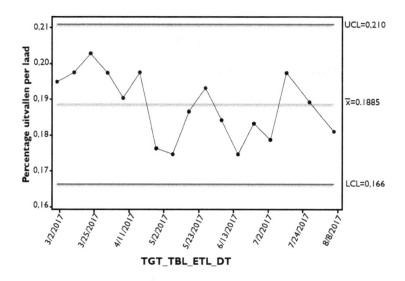

TGT_TBL_ETL_DT

Figuur 22: De klassieke besturingskaart (DMBOK2, p. 489)

Figuur 23 toont een eenvoudig voorbeeld van data visualisatie, een "Energierapport" gepresenteerd door ENMAX, een nutsbedrijf gevestigd in Alberta, Canada, aan haar consumenten. Deze infographic helpt de consumenten om het energieverbruik van hun huis te begrijpen in relatie tot de bevolking van vergelijkbare huizen en tot de bevolking van efficiënte huizen. Hoewel dit rapport niet spreekt over aanbevelingen om energie te besparen, helpt het de consumenten mogelijk om relevante vragen te stellen en passende doelen te stellen.[38]

De principes in deze eenvoudige voorbeelden worden aanzienlijk uitgebreid in data science-toepassingen. Datavisualisatie is cruciaal voor de Data Science, want zonder dat is interpretatie van data bijna

---

[38] *Data voor Business Performance*, Southekal, Prashanth, Technics Publications, 2017.

onmogelijk. Patronen in een grote dataset kunnen moeilijk, zo niet onmogelijk, te herkennen zijn in een cijferweergave. Een patroon kan vrij snel worden opgepikt wanneer duizenden datapunten in een visuele weergave worden gepresenteerd.

Figuur 23: Energieoverzicht thuisgebruik van een ENMAX consument

Datavisualisaties kunnen worden geleverd in een statisch formaat, zoals een gepubliceerd rapport, of een meer interactief online formaat. Sommige visualisatietechnologieën stellen analisten in staat om te bewegen tussen lagen van data, door middel van filters of de mogelijkheid om in te zoomen naar data. Andere stellen de gebruiker in staat om de visualisatie op verzoek te wijzigen door middel van innovatieve displays, zoals datakaarten en bewegende datalandschappen in de loop van de tijd.

Om tegemoet te komen aan de groeiende behoefte om data te begrijpen, is het aantal visualisatietools toegenomen en zijn de technieken verbeterd. Naarmate de data-analyse vordert, zal het visualiseren van data op nieuwe manieren strategische voordelen bieden. Het zien van nieuwe patronen in data kan leiden tot nieuwe zakelijke kansen. Naarmate datavisualisatie zich verder ontwikkelt, zullen organisaties hun Business Intelligence-teams moeten laten groeien om te kunnen concurreren in een steeds meer datagestuurde wereld. Bedrijfsanalytische afdelingen zullen op zoek gaan naar dataspecialisten met visualisatievaardigheden (waaronder Data Scientists, datakunstenaars en datavisualisatie-experts), naast de traditionele informatiearchitecten en datamodelers, vooral gezien de risico's die gepaard gaan met misleidende visualisatie.

Een kritische succesfactor bij de implementatie van een Data Science-aanpak is het afstemmen van de juiste visualisatietools op de gebruikersgemeenschap. Afhankelijk van de grootte en de aard van de organisatie zijn er waarschijnlijk veel verschillende visualisatietools die in verschillende processen worden toegepast. Zorg ervoor dat gebruikers de relatieve complexiteit van de visualisatietools begrijpen. Geavanceerde gebruikers zullen steeds complexere eisen stellen. Coördinatie tussen bedrijfsarchitectuur, portfoliomanagement en onderhoudsteams zal nodig zijn om de visualisatiekanalen binnen en over het portfoliobereik te controleren. Wees u ervan bewust dat veranderende dataleveranciers of selectiecriteria waarschijnlijk een downstream impact zullen hebben op de elementen die beschikbaar zijn voor visualisatie en die de effectiviteit van de tools kunnen beïnvloeden.

Het is een best practice om een community op te richten die visualisatienormen en -richtlijnen definieert en publiceert en artefacten beoordeelt binnen een gespecificeerde levermethode; dit is met name van vitaal belang voor klant- en regelgevingsgerichte inhoud.

Net als bij andere vormen van datavisualisatie ontstaan er nieuwe datasets, in de vorm van de visualisaties zelf, en in de wijze waarop de data worden gecombineerd, zodat ze in een grafisch formaat kunnen worden gepresenteerd. U raadt het al. Ook deze data moeten worden beheerd.

DATAMONETISERING

Elke organisatie die zich bezighoudt met Data Science of andere vormen van analyse zal waarschijnlijk waardevol inzicht krijgen in haar eigen klanten, producten, diensten en processen. Geavanceerde analytics kan ook inzicht genereren over externe entiteiten. Een dergelijke organisatie zal waarschijnlijk ook technieken ontwikkelen die waardevol kunnen zijn voor anderen. Als deze inzichten en technieken kunnen worden verpakt en verkocht, dan zou een organisatie haar data niet alleen als een actief, maar ook als een product inzetten. In sommige kringen wordt directe datamonetisering gezien als de heilige graal van datamanagement. Sommige bedrijven (Dun & Bradstreet, Google, Amazon) hebben hun data te gelde gemaakt. Maar het verkopen van data en informatie is niet de enige manier om waarde te halen uit data.

In *Monetizing Datamanagement wijzen* Peter Aiken en Juanita Billings erop dat maar weinig organisaties gebruik maken van het strategische voordeel dat ze kunnen halen uit data, "de enige onuitputtelijke, waardevaste, duurzame, strategische troef van een organisatie".[39] Zij stellen dat het verbeteren van de datamanagementprocessen het eerste middel is om meer waarde uit data te halen. Een organisatie die een monetaire waarde hecht aan effectieve datamanagementprocessen zal data van hogere kwaliteit produceren en er meer mee kunnen doen.

Aiken en Billings beweren dat goede datamanagementprocessen ook de basis vormen voor een succesvolle innovatie van het datagebruik. Slechte datamanagementprocessen daarentegen kosten geld en brengen risico's met zich mee voor nieuwe initiatieven en bestaande processen. De auteurs presenteren casestudies die aantonen dat slechte datamanagementprocessen kunnen leiden tot directe verspilling door overbodig werk en daarmee tot het creëren van overbodige data, slechte of ontbrekende metadata, verwarrende processen en onjuiste informatie. Ze geven ook voorbeelden van de voordelen van gedisciplineerde datamanagementprocessen. Duidelijke en uitvoerbare metadata-managementprocessen vergroten bijvoorbeeld de kennis van de organisatie en maken die kennis overdraagbaar.

Douglas Laney's *Infonomics*, een volledige studie over het beheer van informatie als een bedrijfsmiddel, presenteert een breed scala aan case studies die laten zien hoe organisaties hun informatiemiddelen hebben gebruikt om waarde te creëren. Terwijl de industrieën, activiteiten en producten verschillen, komt het afleiden van economische waarde uit data neer op twee basismethoden:

---

[39] Aiken en Billings, 2014.

- Uitwisseling van informatie voor goederen, diensten of contant geld

- Informatie gebruiken om de inkomsten te verhogen, de uitgaven te verminderen of de risico's te beheren

Laney presenteert 12 business drivers voor het te gelde maken van data. Een van de eerste manieren om waarde te krijgen is het effectiever gebruiken van organisatiedata om bestaande klanten te behouden, nieuwe markten te betreden en nieuwe producten te creëren. Maar Laney gaat verder dan het voor de hand liggende. Zo kunnen betere data de efficiëntie van de organisatie verbeteren door een bedrijf in staat te stellen de onderhoudskosten te verlagen, te onderhandelen over betere voorwaarden, fraude en verspilling op te sporen of de kosten voor het beheer van de data te betalen.

Hoewel zij reeds in staat zijn om hun processen uit te voeren, halen veel organisaties niet de maximale waarde uit hun data. Voor sommigen, zoals Aiken en Billings en Laney's case studies aantonen en andere onderzoeken bevestigen, is een lage kwaliteit van de data een belangrijke verantwoordelijkheid. Anderen zijn er echter in geslaagd om door te breken, met zowel operationele verbeteringen als directe monetisatie. Casestudies tonen aan dat het gebruik van data voor innovatie een betrouwbaar datamanagement vereist. Hoewel niet elke organisatie zijn data zal willen verkopen, willen alle organisaties vertrouwen hebben in de beslissingen die ze nemen op basis van hun data. De eerste stap in deze richting is het goed beheren van de data.

WAT U MOET WETEN

- Wanneer een organisatie data gebruikt, creëert ze ook nieuwe data die gedurende de hele levenscyclus moeten worden beheerd. De eisen voor levenscyclusmanagement worden vaak gemist bij het ontwikkelen van analytics.

- Deze nieuwe data zijn vaak de meest waardevolle data die een organisatie kan bezitten omdat ze de bron van inzicht zijn.

- Door evoluerende technologieën en methoden kunnen deze nieuwe data worden gecreëerd op manieren die van invloed zijn op de manier waarop aan de eisen van het datamanagement kan worden voldaan.

- Nieuwe technologieën bieden weliswaar innovatieve manieren om met data te werken, maar ze bestaan ook naast en in wisselwerking met legacy data en legacy-technologie.

- Veel organisaties proberen waarde uit hun data te halen door middel van monetisatie. Een logisch uitgangspunt is het verbeteren van de datamanagementprocessen. Dit werk kan zowel de efficiëntie verbeteren als optimale voorwaarden scheppen voor directe monetisatie.

HOOFDSTUK 9

Databescherming, privacy, veiligheid en risicobeheer

Het beheer van data gedurende de gehele levenscyclus is afhankelijk van een aantal fundamentele processen die het mogelijk maken de data voortdurend te gebruiken en te verbeteren. Deze omvatten het beschermen van data tegen ongeoorloofd gebruik, het beheren van metadata (de kennis die nodig is om data te begrijpen en te gebruiken) en het beheren van de kwaliteit van de data. Zoals eerder opgemerkt, moeten fundamentele activiteiten worden verantwoord als onderdeel van de planning en het ontwerp en moeten ze operationeel worden uitgevoerd. Deze activiteiten worden ook ondersteund door en vormen een integraal onderdeel van het succes van de governance-structuren (zie figuur 1). In dit hoofdstuk wordt ingegaan op de bescherming en beveiliging van data. Databeveiliging omvat de planning, ontwikkeling en uitvoering van beveiligingsbeleid en -

procedures om te zorgen voor de juiste authenticatie, autorisatie, toegang en controle van data en informatiemiddelen.

DOELSTELLINGEN OP HET GEBIED VAN DATABEVEILIGING

De specifieke kenmerken van databeveiliging (welke data bijvoorbeeld moeten worden beschermd) verschillen per bedrijfstak en per land. Maar het doel van databeveiliging is hetzelfde: het beschermen van informatiemiddelen in overeenstemming met de privacy- en geheimhoudingsregels, contractuele overeenkomsten en zakelijke vereisten. Deze eisen komen voort uit:

- **Stakeholders**: Organisaties moeten de privacy- en geheimhoudingsregels van hun stakeholders erkennen, inclusief klanten, patiënten, studenten, burgers, leveranciers of zakenpartners. Iedereen in een organisatie moet een verantwoordelijke vertrouwenspersoon zijn van data.

- **Regelingen van de overheid** : Overheidsvoorschriften zijn er om de belangen van sommige belanghebbenden te beschermen. De regelgeving heeft verschillende doelen. Sommige beperken de toegang tot informatie, terwijl andere zorgen voor openheid, transparantie en verantwoordingsplicht. De regelgeving verschilt van land tot land, wat betekent dat organisaties die internationaal zakendoen, zich bewust moeten zijn van en in staat moeten zijn om te voldoen aan de eisen op het gebied van databescherming van de landen waar ze zaken doen.

- **Eigen bedrijfsconcepten**: Elke organisatie heeft eigen data te beschermen. De data van een organisatie geven inzicht in haar klanten en kunnen, wanneer ze effectief worden gebruikt, een concurrentievoordeel opleveren. Als vertrouwelijke data worden gestolen of geschonden, kan een organisatie concurrentievoordeel verliezen.

- **Legitieme toegangseisen**: Bij het beveiligen van data moeten organisaties ook legitieme toegang mogelijk maken. Bedrijfsprocessen vereisen dat personen in bepaalde rollen toegang hebben tot data, deze kunnen gebruiken en onderhouden.

- **Contractuele verplichtingen**: Contractuele en geheimhoudingsovereenkomsten zijn ook van invloed op de vereisten inzake databeveiliging. Zo eist de PCI-standaard, een overeenkomst tussen creditcardbedrijven en individuele bedrijven, dat bepaalde soorten data op gedefinieerde manieren worden beschermd (bijvoorbeeld verplichte encryptie voor wachtwoorden van klanten).

Een effectief databeveiligingsbeleid en -procedures stellen de juiste mensen in staat om data op de juiste manier te gebruiken en bij te werken, en beperken alle ongepaste toegang en ongepaste wijzigingen (zie figuur 24).[40]

---

[40] Ray, 2012.

Privacy en vertrouwelijkheid van klantgegevens
Handelsgeheimen
Bedrijfspartneractiviteit
Fusies en overnames

Informatietoegang beperkende regelgeving
Waarborgen openheid en verantwoording
Toekennen van thema-toegangsrechten
En meer...

STAKEHOLDER BELANG

OVERHEIDS REGULERING

NOODZAKELIJKE GEBRUIKERS TOEGANG

LEGITIEME ZAKELIJKE BELANGEN

Databeveiliging moet geschikt zijn
Databeveiliging mag niet te belastend zijn om gebruikers te beletten hun werk te doen.
Goudlokje-principe

Handelsgeheimen
Onderzoek & andere IP
Kennis van de behoeften van de klant
Relaties met zakenpartners en naderende deals

Figuur 24: Bronnen van databeveiligingseisen (DMBOK p. 218)

Het begrijpen en naleven van de privacy- en geheimhoudingsregels van alle belanghebbenden is in het belang van elke organisatie. Opdrachtgever, leverancier en relaties hebben allemaal vertrouwen in en zijn afhankelijk van een verantwoord gebruik van data.

De doelstellingen van de activiteiten op het gebied van databeveiliging zijn onder meer:

- Het mogelijk maken van passende toegang en het voorkomen van ongepaste toegang tot bedrijfsdata
- Het mogelijk maken van de naleving van de regelgeving en het beleid inzake privacy, bescherming en vertrouwelijkheid
- Ervoor zorgen dat aan de eisen van de belanghebbenden inzake privacy en vertrouwelijkheid wordt voldaan

PRINCIPES VOOR DATABEVEILIGING

Omdat de specifieke eisen in de loop van de tijd veranderen en van plaats tot plaats verschillen, moeten de werkwijzen op het gebied van databeveiliging de leidende beginselen volgen, waaronder:

- **Samenwerking**: Databeveiliging is een samenwerkingsverband tussen IT-beveiligingsbeheerders, data stewards/data governance, interne en externe auditteams en de juridische afdeling.

- **Ondernemingsaanpak**: Databeveiligingsstandaarden en -beleid moeten consistent worden toegepast in de hele organisatie.

- **Proactief beheer**: Succes in het beheer van databeveiliging hangt af van proactief en dynamisch zijn, het betrekken van alle belanghebbenden, het managen van veranderingen en het overwinnen van organisatorische of culturele knelpunten, zoals de traditionele scheiding van verantwoordelijkheden tussen informatiebeveiliging, informatietechnologie, databeheer en stakeholders.

- **Duidelijke verantwoording**: Rollen en verantwoordelijkheden moeten duidelijk worden gedefinieerd, inclusief de 'doorlopende controle' voor data tussen organisaties en rollen.

- **Metadata-gedreven**: Beveiligingsrubricering voor dataelementen is een essentieel onderdeel van de datadefinitie.

- **Risico's beperken door de blootstelling te verminderen**: de verspreiding van gevoelige/vertrouwelijke data tot een minimum beperken, met name in niet-productieomgevingen.

Risicoreductie en bedrijfsgroei zijn de belangrijkste drijfveren voor activiteiten op het gebied van databeveiliging. Door ervoor te zorgen dat de data van een organisatie veilig zijn, worden de risico's beperkt en wordt een concurrentievoordeel behaald. Beveiliging zelf is een waardevol bezit. Er is ook een ethische verplichting om data te beschermen (zie hoofdstuk 4).

Risico's op het gebied van databeveiliging houden verband met de reputatie, de naleving van de regelgeving, de fiduciaire verantwoordelijkheid voor de onderneming en de aandeelhouders, en een wettelijke en morele verantwoordelijkheid om de persoonlijke en gevoelige informatie van werknemers, zakenpartners en klanten te beschermen. Inbreuken op data kunnen leiden tot verlies van de reputatie en het vertrouwen van de klant. Organisaties kunnen worden beboet voor het niet naleven van regelgeving en contractuele verplichtingen. Problemen met databeveiliging, inbreuken en ongerechtvaardigde beperkingen op de toegang van werknemers tot data kunnen een directe invloed hebben op het operationele succes.

Groei van het bedrijf omvat het bereiken en handhaven van operationele bedrijfsdoelstellingen. Wereldwijd is elektronische technologie alomtegenwoordig op kantoor, in de markt en thuis. Desktop- en laptopcomputers, smartphones, tablets en andere apparaten zijn belangrijke elementen van de meeste bedrijfs- en overheidsactiviteiten. De explosieve groei van e-commerce heeft de manier waarop organisaties goederen en diensten aanbieden veranderd. In hun persoonlijke leven zijn mensen gewend geraakt aan het online zakendoen met goederenleveranciers, medische instanties, nutsbedrijven, overheidskantoren en financiële instellingen. Vertrouwde e-commerce zorgt voor winst en groei. De kwaliteit van producten en diensten heeft betrekking op informatiebeveiliging op een vrij directe manier: robuuste informatiebeveiliging maakt transacties mogelijk en bouwt het vertrouwen van de klant op.

De doelstellingen om de risico's te beperken en het bedrijf te laten groeien kunnen complementair zijn en elkaar ondersteunen als ze geïntegreerd worden in een coherente strategie van informatiebeheer en -bescherming.

DATABEVEILIGING EN DATAMANAGEMENT

Naarmate de regelgeving op het gebied van data toeneemt - meestal als reactie op diefstallen en overtredingen - nemen ook de nalevingsvoorschriften toe. Beveiligingsorganisaties hebben vaak de taak om niet alleen IT-compliance-eisen te beheren, maar ook beleid, werkwijzen, dataclassificaties en autorisatieregels voor toegang in de hele organisatie. Net als bij andere aspecten van datamanagement is het het beste om de databeveiliging aan te pakken als een initiatief van de organisatie, en wel gedurende de gehele levenscyclus van de data (zie figuur 25). Zonder een gecoördineerde inspanning zullen bedrijfseenheden verschillende oplossingen vinden voor de beveiligingsbehoeften, waardoor de totale kosten zullen stijgen en de beveiliging mogelijk zal afnemen als gevolg van een inconsistente bescherming. Ineffectieve beveiligingsarchitectuur of -processen kunnen leiden tot hogere kosten door inbreuken en productiviteitsverlies. Een operationele beveiligingsstrategie die naar behoren wordt gefinancierd, systeemgeoriënteerd is en consistent is in de hele onderneming, zal deze risico's verminderen.

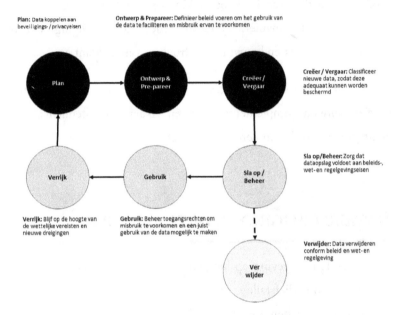

Figuur 25: Databeveiliging en de datalevenscyclus (Aangepast vanaf DMBOK2, p. 29)

De beveiliging van data en informatie begint met het beoordelen van de huidige staat van de data van een organisatie om te bepalen welke data bescherming behoeven. Het proces omvat de volgende stappen:

- **Benoem en classificeer gevoelige data**: Afhankelijk van de sector en de organisatie kunnen er weinig of veel data zijn, en een reeks van gevoelige data - persoonlijke identificatie, medische, financiële, enz.

- **Zoek gevoelige data in de hele onderneming**: Beveiligingsvereisten kunnen verschillen, afhankelijk van waar de data zijn opgeslagen. Een aanzienlijke hoeveelheid gevoelige data op één locatie vormt een groot risico vanwege de schade die door één enkele inbreuk kan worden aangericht.

- **Bepaal hoe elk item moet worden beschermd**: De maatregelen die nodig zijn om de veiligheid te garanderen, kunnen variëren tussen de items, afhankelijk van de inhoud van de data en het type technologie.

- **Benoem hoe deze informatie in wisselwerking staat met de bedrijfsprocessen**: Analyse van bedrijfsprocessen is nodig om te bepalen welke toegang is toegestaan en onder welke voorwaarden.

Naast het classificeren van de data zelf, is het noodzakelijk om externe bedreigingen, zoals die van hackers en criminelen, en interne risico's van werknemers en processen te beoordelen. Veel data gaan verloren of komen bloot te liggen door de onwetendheid van werknemers die zich niet realiseerden dat de informatie zeer gevoelig was of die het beveiligingsbeleid omzeilden. De verkoopdata van klanten die op een gehackte webserver worden achtergelaten, de database van werknemers die op de laptop van een aannemer wordt gedownload en vervolgens wordt gestolen, en handelsgeheimen die onversleuteld op de computer van een leidinggevende worden achtergelaten, zijn allemaal het gevolg van ontbrekende of niet-afgedwongen beveiligingscontroles.

De impact van veiligheidsinbreuken op gerenommeerde merken in de afgelopen jaren heeft geleid tot enorme financiële verliezen en een afname van het vertrouwen van klanten. Niet alleen worden de externe dreigingen van de criminele hackersgemeenschap steeds geraffineerder en doelgerichter, ook de omvang van de schade door externe en interne dreigingen, al dan niet opzettelijk, is in de loop der jaren gestaag toegenomen.[41]

METADATA OVER DATABEVEILIGING

Een aanpak voor het beheer van gevoelige data is via metadata. Beveiligingsclassificaties en regelgevingsgevoeligheid kunnen worden vastgelegd op het niveau van het data-element en de dataset. Er bestaat technologie om data te taggen zodat metadata met de informatie meereizen terwijl deze door de onderneming stroomt. Het ontwikkelen van een master repository van datakarakteristieken betekent dat alle onderdelen van de onderneming precies kunnen weten welk niveau van bescherming van gevoelige informatie vereist is.

Als een gemeenschappelijke standaard wordt afgedwongen, stelt deze aanpak meerdere afdelingen, business units en leveranciers in staat om dezelfde metadata te gebruiken. Standaarden voor beveiliging van

---

[41] Kark, 2009.

metadata kan de bescherming van data optimaliseren en het bedrijfsgebruik en de technische ondersteuningsprocessen sturen, wat leidt tot lagere kosten. Deze laag van informatiebeveiliging kan helpen bij het voorkomen van ongeautoriseerde toegang tot en misbruik van data.

Wanneer gevoelige data correct als zodanig worden geïdentificeerd, bouwen organisaties vertrouwen op met hun klanten en partners. Veiligheidsgerelateerde metadata zelf wordt een strategisch bedrijfsmiddel, waardoor de kwaliteit van transacties, rapportages en bedrijfsanalyses toeneemt, terwijl de kosten van bescherming en de bijbehorende risico's die verloren of gestolen informatie veroorzaken worden gereduceerd.

Data Classificatie is een eerste vereiste voor het beheer van de databeveiliging. Dit is gebaseerd op twee concepten:

- **Vertrouwelijkheidsniveau:** *Vertrouwelijk* betekent geheim of privé. Organisaties bepalen welke soorten data niet bekend mogen zijn buiten de organisatie, of zelfs binnen bepaalde delen van de organisatie. Vertrouwelijke informatie wordt alleen gedeeld op basis van 'need-to-know'. Het niveau van vertrouwelijkheid is afhankelijk van wie bepaalde soorten informatie moet kennen.

- **Regelgevende categorieën**: Deze worden toegewezen op basis van externe regels, zoals wetten, verdragen, douaneovereenkomsten en industriële regelgeving. Regelgevingsinformatie wordt gedeeld op een 'allowed-to-know' basis. De wijze waarop data kunnen worden gedeeld, wordt bepaald door de details van de verordening.

Het belangrijkste verschil tussen vertrouwelijke en wettelijke beperkingen is waar de beperking vandaan komt: vertrouwelijkheidsbeperkingen komen intern, terwijl wettelijke beperkingen extern worden gedefinieerd.

Een ander verschil is dat elke dataset, zoals een document of een databaseweergave, slechts één vertrouwelijkheidsniveau kan hebben. Dit niveau wordt vastgesteld op basis van het meest gevoelige (en hoogst geclassificeerde) item in de dataset. Regelgevende categoriseringen zijn echter additief. Voor een enkele dataset kunnen de data beperkt zijn op basis van meerdere wettelijke categorieën. Om de naleving van de regelgeving te waarborgen, moeten alle vereiste acties voor elke categorie worden uitgevoerd, samen met de vertrouwelijkheidsvereisten.

Bij toepassing van het recht van de gebruiker (de samenvoeging van de specifieke dataelementen waartoe een gebruikersautorisatie toegang verleent) moet alle beschermingsbeleid worden gevolgd, ongeacht of dit intern of extern is gebeurd.

ARCHITECTUUR VOOR DATABEVEILIGING

Ondernemingsarchitectuur definieert de informatiemiddelen en componenten van een onderneming, hun onderlinge relaties en bedrijfsregels met betrekking tot transformatie, principes en richtlijnen. De databeveiligingsarchitectuur is het onderdeel van de bedrijfsarchitectuur dat beschrijft hoe databeveiliging binnen de onderneming wordt geïmplementeerd om te voldoen aan de bedrijfsregels en externe regelgeving. Architectuur beïnvloedt:

- Hulpmiddelen voor het beheer van de databeveiliging
- Datacoderingsstandaarden en -mechanismen
- Toegangsrichtlijnen voor externe leveranciers en aannemers
- Dataleveringsprotocollen via het internet
- Documentatievereisten
- Normen voor toegang op afstand
- Procedures voor het melden van beveiligingsincidenten

De veiligheidsarchitectuur is met name belangrijk voor de integratie van data tussen de twee:

- Interne systemen en bedrijfsonderdelen
- Een organisatie en haar externe zakenpartners
- Een organisatie en regelgevende instanties

Zo zou een architectonisch patroon van een servicegericht integratiemechanisme tussen interne en externe partijen een andere databeveiligingsimplementatie vereisen dan de traditionele integratiearchitectuur voor elektronische datauitwisseling (EDI).

Voor een grote onderneming is de formele verbindingsfunctie tussen deze disciplines essentieel om informatie te beschermen tegen misbruik, diefstal, blootstelling en verlies. Elke partij moet zich bewust zijn van elementen die de anderen aangaan, zodat ze een gemeenschappelijke taal kunnen spreken en kunnen werken aan gemeenschappelijke doelen.

PLANNING VOOR DATABEVEILIGING

Planning voor veiligheid omvat zowel procesplanning als dataclassificatie en architectonische planning. Het omvat niet alleen de beveiliging van systemen, maar ook van faciliteiten, apparaten en referenties. Het implementeren van goede processen begint met het identificeren van de vereisten. Deze zijn grotendeels gebaseerd op regelgeving voor bepaalde industrieën en geografieën. Het is belangrijk om ervoor te zorgen dat een organisatie kan voldoen aan de eisen die kunnen worden gesteld door degenen met wie zij in contact komt; de Europese Unie heeft bijvoorbeeld strengere eisen op het gebied van privacy dan de Verenigde Staten. De eisen zullen ook gebaseerd zijn op de risico's die verbonden zijn aan het systeemlandschap van de organisatie zelf.

Eisen moeten worden geformaliseerd in bedrijfsbreed beleid en worden ondersteund door duidelijke normen voor zaken als classificatieniveaus. Het beleid en de normen moeten worden gehandhaafd naarmate de regelgeving zich ontwikkelt. Het personeel zal voortdurend moeten worden getraind en de toegang tot data en het gebruik van het systeem zal moeten worden gecontroleerd om de naleving ervan te waarborgen.

De bedrijfscultuur is van grote invloed op de beveiliging van data. Organisaties reageren uiteindelijk vaak op crises, in plaats van proactief verantwoording af te leggen en de controleerbaarheid te waarborgen. Hoewel perfecte databeveiliging bijna onmogelijk is, is de beste manier om inbreuken op de databeveiliging te voorkomen het opbouwen van bewustzijn en begrip van beveiligingseisen, -beleid en -procedures. Organisaties kunnen de compliance verhogen door:

- **Training**: Bevordering van normen door middel van training over beveiligingsinitiatieven op alle niveaus van de organisatie. Volg de training met evaluatiemechanismen zoals online testen gericht op het verbeteren van de bewustwording van de werknemers. Dergelijke training en tests zouden verplicht moeten zijn en een voorwaarde moeten zijn voor de evaluatie van de prestaties van de werknemers.

- **Consequent beleid**: Definitie van het databeveiligingsbeleid en het beleid inzake naleving van de regelgeving voor werkgroepen en afdelingen die een aanvulling vormen op en in overeenstemming zijn met het ondernemingsbeleid. Het aannemen van een 'act local' mindset helpt om mensen actiever te betrekken.

- **Meet de voordelen van veiligheid**: Koppel de voordelen van databeveiliging aan organisatorische initiatieven. Organisaties moeten objectieve metrieken voor databeveiligingsactiviteiten opnemen in hun balanced scorecardmetingen en projectevaluaties.

- **Stel veiligheidseisen aan leveranciers**: Neem de databeveiligingseisen op in de service level agreements en in de uitbestedingscontracten. SLA-overeenkomsten moeten alle acties op het gebied van databescherming omvatten.

- **Bouw een gevoel van urgentie op**: Benadruk de wettelijke, contractuele en regelgevende vereisten om een gevoel van urgentie en een intern kader voor databeveiligingsbeheer op te bouwen.

- **Lopende communicatie**: Ondersteuning van een voortdurend trainingsprogramma voor de beveiliging van werknemers om hen te informeren over veilig computergebruik en de huidige bedreigingen te belichten. Een doorlopend programma geeft aan dat het management het belang van veilig computergebruik onderkend.

WAT U MOET WETEN

- Het beheer van databeveiliging is fundamenteel voor het succes van datamanagement. Een goede databeveiliging is nodig om aan de verwachtingen van de belanghebbenden te voldoen, en het is ook het juiste ding om te doen voor de onderneming.

- Data die worden beheerd volgens de optimale werkwijen op het gebied van datamanagement zijn ook gemakkelijker te beschermen, omdat ze met een hoge mate van betrouwbaarheid kunnen worden geclassificeerd en gelabeld.

- Deze werkwijzen omvatten: het opstellen van een bedrijfsaanpak voor de veiligheidsplanning, het opzetten van een betrouwbare beveiligingsarchitectuur, en het beheren van metadata met betrekking tot beveiliging.

- De noodzaak om data te beschermen vereist dat leveranciers en partners hun data beveiligen.

- Robuuste, aantoonbaar werkende processen op het gebied van databeveiliging kunnen het verschil maken, omdat ze vertrouwen opbouwen.

HOOFDSTUK 10

Metadata beheren

In dit boek hebben we verwezen naar het gebruik en beheer van metadata. Een van de principes van datamanagement is dat metadata een integraal onderdeel is van het datamanagement. Met andere woorden, je hebt data nodig om data te beheren. Metadata beschrijft welke data u heeft. En als je niet weet welke data je hebt, kun je die niet beheren. Metadatamanagement is een fundamentele activiteit die gedurende de hele levenscyclus van data moet worden uitgevoerd. De levenscyclus van metadata moet ook worden beheerd.

De meest voorkomende definitie van *metadata*, "data over data", is misleidend eenvoudig. Voor sommigen is het helaas eerder een bron van verwarring dan van opheldering, omdat veel soorten informatie als metadata kunnen worden geclassificeerd en er geen duidelijke lijn is tussen "data" en "metadata". In plaats van te proberen die lijn te trekken, zullen we beschrijven hoe metadata wordt gebruikt en waarom het zo belangrijk is.

Om de vitale rol van metadata in het datamanagement te begrijpen, moet u zich een grote bibliotheek voorstellen, met honderdduizenden boeken en tijdschriften, maar geen catalogus. Zonder een catalogus weten lezers misschien niet eens hoe ze naar een specifiek boek of zelfs een specifiek onderwerp moeten gaan zoeken. De catalogus biedt niet alleen de nodige informatie (welke boeken en materialen de bibliotheek bezit en waar ze worden bewaard), maar maakt het ook mogelijk om materialen te vinden met behulp van verschillende criteria (vakgebied, auteur of titel). Zonder de catalogus zou het vinden van een specifiek boek moeilijk, zo niet onmogelijk zijn. Een organisatie zonder metadata is als een bibliotheek zonder catalogus.

Net als andere data, vereist metadata beheer. Naarmate de vaardigheden van organisaties om data te verzamelen en op te slaan toeneemt, wordt de rol van metadata in het datamanagement steeds belangrijker. Maar metadatamanagement is geen doel op zich; het is een middel waarmee een organisatie meer waarde kan halen uit haar data. Om datagestuurd te zijn, moet een organisatie metadata gedreven zijn.

METADATA EN DE VOORDELEN ERVAN

In datamanagement omvat metadata informatie over technische en bedrijfsprocessen, dataregels en -beperkingen, en logische en fysieke datastructuren. Het beschrijft de data zelf (bijv. databanken, dataelementen, datamodellen), de concepten die de data vertegenwoordigen (bijv. bedrijfsprocessen, applicatiesystemen, softwarecode, technologie-infrastructuur), en de verbanden (relaties) tussen de data en de concepten. Metadata helpt een organisatie haar data, systemen en processen te begrijpen. Het maakt het mogelijk om de kwaliteit van de data te beoordelen en is een integraal onderdeel van het beheer van databases en andere applicaties. Het draagt bij aan het vermogen om andere data te verwerken, te onderhouden, te integreren, te beveiligen, te controleren en te beheren. Data kunnen niet worden beheerd zonder metadata. Bovendien moet metadata zelf worden beheerd. Betrouwbare, goed beheerde metadata helpt:

- Het vertrouwen in de data te vergroten door een context te bieden die een consistente weergave van dezelfde concepten mogelijk maakt en de meting van de datakwaliteit mogelijk maakt.

- Verhogen van de waarde van strategische informatie (bijv. stamgegevens) door meervoudig gebruik mogelijk te maken

- Verbeteren van de operationele efficiëntie door het identificeren van overbodige data en processen

- Voorkomen van het gebruik van verouderde of onjuiste data

- Beschermen van gevoelige informatie

- Verkorten van de tijd voor datageoriënteerd onderzoek

- Verbeteren van de communicatie tussen dataconsumenten en IT-professionals

- Nauwkeurige impactanalyse maken en zo het risico op mislukking van het project verminderen

- De time-to-market te verbeteren door de levenscyclus van het systeem te verkorten.

- De opleidingskosten verminderen en de impact van het personeelsverloop verminderen door een grondige documentatie van de context, de geschiedenis en de oorsprong van de data.

- Ondersteuning van de naleving van de regelgeving

Organisaties halen meer waarde uit hun data als hun data van hoge kwaliteit is. Kwaliteitsdata is afhankelijk van governance. Omdat het de data en processen verklaart die organisaties in staat stellen te functioneren, is metadata cruciaal voor data governance. Als metadata een leidraad is voor de data in een organisatie, dan moet het goed beheerd worden. Slecht beheerde metadata leidt tot:

- Redundante data en datamanagementprocessen

- Gerepliceerde en redundante woordenboeken, repositories en andere metadatabestanden

- Inconsistente definities van dataelementen en risico's in verband met het misbruik van data

- Concurrerende en tegenstrijdige bronnen en versies van metadata die het vertrouwen van de consumenten van data verminderen

- Twijfel over de betrouwbaarheid van metadata en data

Goed uitgevoerd metadatamanagement maakt een consistent begrip van databronnen en een efficiëntere cross-organisatorische ontwikkeling mogelijk.

SOORTEN METADATA

Metadata wordt over het algemeen ingedeeld in drie soorten: bedrijf, technisch of operationeel. Bedrijfsmetadata richt zich vooral op de inhoud en conditie van de data en bevat ook details met betrekking tot data governance. Bedrijfsmetadata omvat de niet-technische namen en definities van concepten, vakgebieden, entiteiten en attributen; attribuut datatypen, bereikbeschrijvingen en andere attribuut-eigenschappen; formules; algoritmen en bedrijfsregels; geldige domeinwaarden en hun definities. Voorbeelden van Bedrijfsmetadata zijn onder andere:

- Datamodellen, definities en beschrijvingen van datareeksen, tabellen en kolommen

- Bedrijfsregels, regels voor datakwaliteit en transformatieregels, berekeningen en afleidingen

- Dataherkomst en data lineage

- Datanormen en -beperkingen

- Veiligheid/privacyniveau van de data

- Bekende problemen met data

- Opmerkingen over het gebruik van de data

Technische metadata geeft informatie over de technische details van data, de systemen die data opslaan en de processen die deze data binnen en tussen de systemen verplaatsen. Voorbeelden van Technische metadata zijn:

- Fysieke databasetabel en kolomnamen en -eigenschappen

- Toegangsrechten voor data, groepen, rollen

- Data CRUD[42] (creëren, vervangen, bijwerken en verwijderen) regels

- ETL-jobdata

- Data lineage-documentatie, met inbegrip van informatie over het effect van veranderingen, zowel stroomopwaarts als stroomafwaarts.

- Content update cyclus werkschema's en afhankelijkheden

Operationele metadata beschrijft de details van de verwerking van en de toegang tot data. Bijvoorbeeld:

- Logboeken van opdrachtuitvoering voor batchprogramma's

- Resultaten van audit, balans, controlemetingen en foutlogs

- Rapporten en opvragen van toegangspatronen, frequentie en uitvoeringstijd

- Patches en versieonderhoudsplan en -uitvoering, huidig patching-niveau

- Back-up, retentie, gecreëerde datum, voorzieningen voor noodherstel

Deze categorieën helpen mensen om het scala aan informatie te begrijpen dat onder de paraplu van metadata valt, evenals de functies die metadata produceren. De categorieën kunnen echter ook tot verwarring leiden. Mensen kunnen verstrikt raken in vragen over tot

---

[42] Create, read, update, delete

welke categorie een set metadata behoort, of wie er gebruik van moet maken. Het is het beste om deze categorieën te bedenken in relatie tot waar metadata vandaan komt, in plaats van hoe het wordt gebruikt. Met betrekking tot het gebruik is het onderscheid tussen metadatatypen niet strikt. Technische en operationele werknemers gebruiken 'bedrijfsmetadata' en vice versa.

METADATA IS DATA

Hoewel metadata kunnen worden begrepen door het gebruik ervan en de categorieën, is het belangrijk om te onthouden dat metadata data zijn. Net als andere data heeft het een levenscyclus (zie figuur 26). We moeten het beheren in relatie tot de levenscyclus.

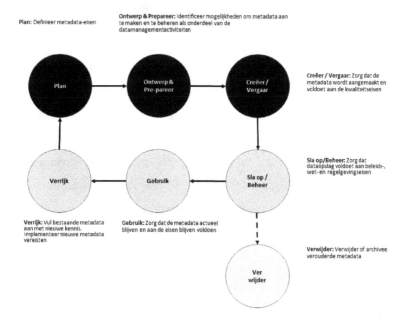

Figuur 26: De Metadatalevenscyclus (Aangepast van DMBOK2, p. 29)

Een organisatie moet plannen maken voor de metadata die ze nodig heeft, processen ontwerpen zodat hoogwaardige metadata kunnen worden gecreëerd en onderhouden, en haar metadata aanvullen naarmate ze leert van haar data.

METADATA EN DATAMANAGEMENT

Metadata is essentieel voor zowel het datamanagement als het datagebruik. Alle grote organisaties produceren en gebruiken veel data. Binnen een organisatie hebben verschillende individuen verschillende niveaus van datakennis, maar geen enkel individu weet alles over de data. Deze informatie moet worden gedocumenteerd of de organisatie loopt het risico waardevolle kennis over zichzelf te verliezen. Metadata biedt het primaire middel om organisatorische kennis over data vast te leggen en te beheren.

Maar metadatamanagement is niet alleen een kennismanagement uitdaging, het is ook een randvoorwaarde voor risicomanagement. Metadata is noodzakelijk om ervoor te zorgen dat een organisatie privé of gevoelige data kan identificeren en dat ze de levenscyclus van de data kan beheren in haar eigen voordeel en om te voldoen aan de compliance-eisen en de blootstelling aan risico's tot een minimum te beperken. Zonder betrouwbare metadata weet een organisatie niet welke data ze heeft, wat de data vertegenwoordigen, waar ze vandaan komen, hoe ze zich door systemen bewegen, wie er toegang toe heeft, of wat het betekent dat de data van hoge kwaliteit zijn. Zonder metadata kan een organisatie haar data niet als een bedrijfsmiddel beheren. Inderdaad, zonder metadata kan een organisatie zijn data helemaal niet beheren.

METADATA EN INTEROPERABILITEIT

Naarmate de technologie is geëvolueerd, is ook de snelheid waarmee data worden gegenereerd toegenomen. Technische metadata is een absoluut integraal onderdeel geworden van de manier waarop data worden verplaatst en geïntegreerd. ISO's Metadata Registry Standard, ISO/IEC 11179, is bedoeld om een metadata-gestuurde uitwisseling van data in een heterogene omgeving mogelijk te maken, gebaseerd op exacte definities van data. Metadata die in XML- en andere formaten aanwezig zijn, maken het gebruik van de data mogelijk. Andere soorten metadata kunnen worden uitgewisseld met behoud van eigendoms- en veiligheidsvereisten, enz.

METADATASTRATEGIE

Zoals opgemerkt, zijn de soorten informatie die als metadata kunnen worden gebruikt, veelomvattend. Metadata wordt op verschillende plaatsen in een onderneming gecreëerd. De uitdagingen liggen in het samenbrengen van metadata, zodat mensen en processen er gebruik van kunnen maken.

Een metadatastrategie beschrijft hoe een organisatie van plan is haar metadata te beheren en hoe zij van het huidige niveau naar het toekomstige niveau zal gaan. Een metadatastrategie moet een kader bieden voor ontwikkelingsteams om het metadatamanagement te verbeteren. Het ontwikkelen van metadata-eisen zal helpen om de drijfveren van de strategie te verduidelijken en om potentiële obstakels te identificeren voor het uitvoeren van de strategie.

De strategie omvat het definiëren van de toekomstige metadata en metadata-architectuur van de organisatie en de implementatiefasen die nodig zijn om de strategische doelstellingen te bereiken. De stappen omvatten:

- **Initieer en plan de metadatastrategie:** Het doel van initiatie en planning is om het metadatastrategieteam in staat te stellen zijn korte- en langetermijndoelstellingen te definiëren. De planning omvat het opstellen van een handvest, de scope en de doelstellingen die zijn afgestemd op de algemene governance-inspanningen en het opstellen van een communicatieplan om de inspanning te ondersteunen. De belangrijkste belanghebbenden moeten bij de planning worden betrokken.

- **Voer gesprekken met de belangrijkste belanghebbenden:** Interviews met zakelijke en technische belanghebbenden vormen een basis van kennis voor de metadata strategie.

- **Beoordeel bestaande metadata bronnen en informatiearchitectuur:** Beoordeling bepaalt de relatieve moeilijkheidsgraad bij het oplossen van de metadata- en systeemproblemen die in de interviews en de documentatiebeoordeling aan het licht zijn gekomen. Voer in deze fase gedetailleerde interviews met belangrijke IT-

medewerkers en beoordeel de documentatie van de
systeemarchitecturen, datamodellen, enz.

- **Ontwikkel de toekomstige metadata architectuur**: Verfijn
  en bevestig de toekomstvisie, en ontwikkel de lange termijn
  doelarchitectuur voor de beheerde metadata omgeving in
  deze fase. In deze fase moet rekening worden gehouden met
  strategische componenten, zoals organisatiestructuur,
  afstemming met data governance en stewardship, managed
  metadata architectuur, metadata delivery architectuur,
  technische architectuur en security architectuur.

- **Ontwikkelen van een gefaseerd implementatieplan**:
  Valideren, integreren en prioriteren van bevindingen uit de
  interviews en data-analyses. Documenteer de
  metadatastrategie en definieer een gefaseerde
  implementatieaanpak om van de bestaande naar de
  toekomstige beheerde metadata omgeving over te gaan.

De strategie zal in de loop van de tijd evolueren, naarmate de
metadata-eisen, de architectuur en de levenscyclus van metadata beter
worden begrepen.

BEGRIJP DE VEREISTEN VOOR METADATA

Metadata-eisen beginnen met de inhoud: welke metadata is nodig en
op welk niveau. Zo moeten bijvoorbeeld fysieke en logische namen
worden vastgelegd voor zowel kolommen als tabellen. Metadata
content is veelomvattend en de eisen zullen komen van zowel

zakelijke als technische dataverbruikers. Er zijn ook veel functionaliteit-gerichte eisen verbonden aan een uitgebreide metadata oplossing:

- Hoe vaak worden metadata-attributen en -sets bijgewerkt
- Timing van updates met betrekking tot bronwijzigingen
- Of historische versies van metadata moeten worden behouden
- Wie heeft er toegang tot metadata
- Hoe gebruikers toegang krijgen (specifieke gebruikersinterface-functionaliteit voor toegang)
- Hoe metadata worden gemodelleerd voor opslag
- De mate van integratie van metadata uit verschillende bronnen; regels voor integratie
- Processen en regels voor het actualiseren van de metadata (logging en verwijzing voor goedkeuring)
- Rollen en verantwoordelijkheden voor het beheer van metadata
- Metadatakwaliteitseisen
- Beveiliging van metadata - sommige metadata kunnen niet worden blootgelegd omdat ze het bestaan van sterk beschermde data zullen onthullen)

METADATA-ARCHITECTUUR

Net als andere vormen van data heeft metadata een levenscyclus. Hoewel er verschillende manieren zijn om een metadata oplossing te ontwerpen, bevatten alle metadatamanagement oplossingen conceptueel gezien architectonische lagen die corresponderen met punten in de metadatalevenscyclus.

- Metadatacreatie en sourcing
- Metadataopslag in een of meer repositories
- Metadataintegratie
- Metadatalevering
- Metadatatoegang en -gebruik
- Metadatacontrole en -beheer

Een metadatamanagement systeem moet in staat zijn om metadata uit vele verschillende bronnen samen te brengen. Systemen zullen verschillen afhankelijk van de mate van integratie en de rol van het integrerende systeem in het onderhoud van de metadata.

Een beheerde metadata omgeving moet de eindgebruiker isoleren van de verschillende en ongelijksoortige metadata bronnen. De architectuur moet één enkel toegangspunt bieden voor de vereiste metadata. Het ontwerp van de architectuur is afhankelijk van de specifieke eisen van de organisatie. Drie technische architectonische benaderingen voor het bouwen van een gemeenschappelijke metadata repository weerspiegelen de benaderingen voor het ontwerpen van datawarehouses:

- **Gecentraliseerd**: Een gecentraliseerde architectuur bestaat uit een enkele metadata repository die kopieën van metadata uit de verschillende bronnen bevat. Organisaties met beperkte IT-middelen, of organisaties die zoveel mogelijk willen automatiseren, kunnen ervoor kiezen om deze architectuuroptie te vermijden. Organisaties die een hoge mate van consistentie binnen de gemeenschappelijke metadata repository zoeken, kunnen baat hebben bij een gecentraliseerde architectuur.

- **Gedistribueerd**: Een volledig gedistribueerde architectuur onderhoudt één enkel toegangspunt. Het metadata-opvraagmechanisme reageert op verzoeken van gebruikers door data uit bronsystemen in real time op te halen; er is geen duurzame repository. In deze architectuur onderhoudt de metadatamanagement omgeving de nodige bronsysteemcatalogi en opzoekingsinformatie die nodig is om de gebruikersvragen en -zoekopdrachten effectief te verwerken. Een gemeenschappelijke object request broker of vergelijkbaar middleware protocol heeft toegang tot deze bronsystemen.

- **Hybride**: Een hybride architectuur combineert kenmerken van gecentraliseerde en gedistribueerde architecturen. Metadata verhuist nog steeds rechtstreeks van de bronsystemen naar een gecentraliseerde opslagplaats. Het ontwerp van zo'n repository houdt echter alleen rekening met de door de gebruiker toegevoegde metadata, de kritische gestandaardiseerde items en de toevoegingen van handmatige bronnen.

Implementeer een beheerde metadata omgeving om de risico's te minimaliseren en de acceptatie te vergemakkelijken. De inhoud van de repository moet generiek van opzet zijn. Het moet niet alleen een afspiegeling zijn van het ontwerp van de brondatabase. Deskundigen op het gebied van bedrijfsonderwerpen moeten helpen om een uitgebreid metadatamodel voor de inhoud te creëren. De planning moet rekening houden met de integratie van metadata, zodat de consument de data uit verschillende databronnen kan zien. De mogelijkheid om dit te doen zal een van de meest waardevolle mogelijkheden van de repository zijn. Het moet de huidige, geplande en historische versies van de metadata bevatten. Vaak is de eerste implementatie een pilot om concepten te bewijzen en te leren over het beheer van de metadata omgeving.

METADATAKWALITEIT

Bij het beheren van de kwaliteit van metadata is het belangrijk om te erkennen dat veel metadata voortkomt uit bestaande processen. Het datamodelleringsproces produceert bijvoorbeeld tabel- en kolomdefinities en andere metadata die essentieel zijn voor het maken van datamodellen. Om hoogwaardige metadata te krijgen, moet metadata gezien worden als een product van deze processen, in plaats van als een bijproduct ervan.

Ook hier volgt metadata de levenscyclus van de data (zie figuur 26). Betrouwbare metadata begint met een plan en neemt toe in waarde naarmate het wordt gebruikt, onderhouden en verbeterd. Metadata bronnen, zoals het datamodel, source to target mapping documentatie, ETL logs en dergelijke moeten worden behandeld als databronnen. Ze moeten processen en controles invoeren om ervoor te zorgen dat ze een betrouwbaar en bruikbaar dataproduct opleveren.

Alle processen, systemen en data hebben behoefte aan een bepaald niveau van meta-informatie; dat wil zeggen, een beschrijving van hun onderdelen en hoe ze werken. Het is het beste om te plannen hoe deze informatie te creëren of te verzamelen. Naarmate het proces, het systeem of de data worden gebruikt, groeit en verandert deze meta-informatie. Het moet worden onderhouden en verbeterd. Het gebruik van metadata resulteert vaak in de herkenning van eisen voor aanvullende metadata. Verkopers die bijvoorbeeld gebruik maken van klantdata uit twee verschillende systemen moeten wellicht weten waar de data vandaan komen om hun klanten beter te kunnen begrijpen.

Verschillende algemene principes van metadatamanagement beschrijven de middelen om metadata te beheren voor kwaliteit:

- **Verantwoording afleggen**: Erken dat metadata vaak wordt geproduceerd via bestaande processen (datamodellering, SDLC, bedrijfsprocesdefinitie) en houd proceseigenaren verantwoordelijk voor de kwaliteit van metadata (zowel bij de eerste aanmaak als bij het onderhoud).

- **Standaarden**: Stel, handhaaf en controleer standaarden voor metadata om de integratie te vereenvoudigen en het gebruik ervan mogelijk te maken.

- **Verbetering**: Creëer een feedbackmechanisme zodat gebruikers het metadatamanagement team kunnen informeren over onjuiste of verouderde Metadata.

Net als andere data kunnen metadata worden geprofileerd en gecontroleerd op kwaliteit. Het onderhoud ervan moet worden gepland of voltooid als een controleerbaar onderdeel van het projectwerk.

METADATA GOVERNANCE

De overgang van een onbeheerde naar een beheerde metadata omgeving vergt werk en discipline. Het is niet gemakkelijk om dit te doen, zelfs als de meeste mensen de waarde van betrouwbare metadata erkennen. Organisatorische bereidheid is een belangrijk punt van zorg, net als methoden voor bestuur en controle. Een uitgebreide metadata-aanpak vereist dat bedrijfs- en technologiepersoneel in staat is om nauw samen te werken op een cross-functionele manier.

Metadatamanagement heeft in veel organisaties een lage prioriteit. Een essentiële set van metadata vereist coördinatie en commitment in een organisatie. Essentiële bedrijfsmetadata omvat data definities, modellen en architectuur. Essentiële technische metadata omvat technische beschrijvingen van bestands- en datasets, functienamen, processchema's, enz.

Organisaties moeten hun specifieke eisen voor het beheer van de
levenscyclus van kritieke metadata bepalen en governance-processen
opzetten om deze eisen mogelijk te maken. Het wordt aanbevolen om
formele rollen en verantwoordelijkheden toe te wijzen aan specifieke
middelen, met name in grote of bedrijfskritische gebieden. Metadata-
governance vereist metadata en controles, zodat het team dat belast is
met het beheer van metadata principes kunnen testen op de metadata
die zij creëren en gebruiken.

WAT U MOET WETEN

- Het beheer van metadata is fundamenteel voor het
  datamanagement. U kunt geen data beheren zonder
  metadata.

- Metadata is geen doel op zich. Het is een middel waarmee
  een organisatie expliciete kennis over haar data vastlegt om
  risico's te minimaliseren en waarde mogelijk te maken.

- De meeste organisaties beheren hun metadata niet goed en
  betalen de prijs in verborgen kosten; ze verhogen de kosten
  op lange termijn van het beheer van data door het creëren
  van onnodig herwerk (en daarmee het risico van
  inconsistentie) bij elk nieuw project, evenals de operationele
  kosten van het proberen te lokaliseren en te gebruiken van
  data.

- Metadata is data. Het heeft een levenscyclus en moet worden
  beheerd op basis van die levenscyclus. Verschillende soorten

metadata zullen verschillende specifieke levenscyclusvereisten hebben.

- Naarmate het volume en de snelheid van de data toeneemt, nemen ook de voordelen van betrouwbare metadata toe.

HOOFDSTUK 11

Beheer van de datakwaliteit

Effectief datamanagement omvat een reeks onderling samenhangende processen die een organisatie in staat stellen haar data te gebruiken om strategische doelen te bereiken. Datamanagement omvat de mogelijkheid om data voor applicaties te ontwerpen, ze veilig op te slaan en toegankelijk te maken, ze op de juiste manier te delen en ervan te leren om de strategische en operationele doelstellingen te bereiken. Organisaties die waarde proberen te halen uit hun data moeten weten dat hun data betrouwbaar zijn. Met andere woorden, dat hun data van hoge kwaliteit zijn. Maar veel factoren kunnen de datakwaliteit ondermijnen:

- Gebrek aan inzicht in de effecten van slechte kwaliteit van de data op het succes van de organisatie

- Slechte of onvoldoende planning
- Geïsoleerd ontwerp van processen en systemen ('silo's')
- Inconsistente technische ontwikkelingsprocessen
- Onvolledige documentatie en metadata
- Gebrek aan normen en governance

Veel organisaties slagen er eenvoudigweg niet in om te definiëren wat data geschikt maakt voor het doel en zijn daarom niet toegewijd aan de kwaliteit van de data. Alle vakgebieden van datamanagement dragen bij aan de kwaliteit van de data, en hoogwaardige data die de organisatie ondersteunen zouden het doel moeten zijn van al deze vakgebieden. Omdat ondoordachte beslissingen of acties van iedereen die met data werkt, kunnen leiden tot slechte kwaliteit van de data, vereist het produceren van hoogwaardige data een cross-functionele inzet en coördinatie. Organisaties en teams dienen zich hiervan bewust te zijn en dienen te plannen voor hoogwaardige data, door processen en projecten uit te voeren op een manier die rekening houdt met de risico's die samenhangen met onverwachte of onaanvaardbare omstandigheden in de data.

Omdat geen enkele organisatie perfecte bedrijfsprocessen, perfecte technische processen of perfecte datamanagement-processen heeft, ondervinden alle organisaties problemen met betrekking tot de kwaliteit van hun data. Deze problemen kunnen zeer kostbaar zijn. Organisaties die de kwaliteit van data formeel beheren hebben minder problemen dan organisaties die datakwaliteit aan het toeval overlaten.

Datakwaliteit wordt een noodzaak voor de organisatie. Het vermogen om aan te tonen dat de data van hoge kwaliteit is, zoals het vermogen om aan te tonen dat de data goed beschermd is, wordt door sommige regelgeving vereist. Zakelijke partners en klanten verwachten dat data betrouwbaar is. Een organisatie die kan aantonen dat ze haar data goed beheert, heeft een concurrentievoordeel.

In dit hoofdstuk worden de sleutelbegrippen met betrekking tot datakwaliteit gedefinieerd en wordt het datakwaliteitsmanagement in relatie tot het totale datamanagement besproken.

DATAKWALITEIT

De term *datakwaliteit* wordt gebruikt om zowel te verwijzen naar de kenmerken van hoogwaardige data als naar de processen die worden gebruikt om de kwaliteit van de data te meten of te verbeteren. Dit tweeledige gebruik kan verwarrend zijn, dus het helpt om naar beide betekenissen te kijken, te beginnen met *hoogwaardige data*. Later in het hoofdstuk gaan we in op de definitie van *datakwaliteitsmanagement*.

De data zijn van hoge kwaliteit in de mate dat ze voldoen aan de verwachtingen en behoeften van de dataconsumenten. Dat wil zeggen, als de data geschikt zijn voor de doeleinden van de dataconsumenten. Ze zijn van lage kwaliteit als ze niet geschikt zijn voor die doeleinden. De kwaliteit van de data is dus afhankelijk van de context en van de behoeften van de dataconsumenten.

Een van de uitdagingen bij het beheer van de kwaliteit van de data is dat de verwachtingen met betrekking tot de kwaliteit niet altijd bekend zijn. Klanten kunnen deze niet uitspreken. Vaak vragen de mensen die de data beheren niet eens naar deze eisen. Maar als data betrouwbaar wil zijn, dan moeten datamanagementprofessionals de kwaliteitseisen van hun klanten beter begrijpen en weten hoe ze die moeten meten en hoe ze aan die eisen moeten voldoen. Het gesprek over de verwachtingen moet doorgaan, omdat de eisen in de loop van de tijd veranderen naarmate de bedrijfsbehoeften en de externe krachten zich ontwikkelen.

AFMETINGEN VAN DE KWALITEIT VAN DE DATA

Een *datakwaliteitsdimensie* is een meetbaar kenmerk of eigenschap van data. De term *dimensie* wordt gebruikt om het verband te leggen met dimensies in de meting van fysieke objecten (bijv. lengte, breedte, hoogte). Datakwaliteitsdimensies bieden een vocabulaire voor het definiëren van datakwaliteitseisen. Van daaruit kunnen ze worden gebruikt om de resultaten van de initiële beoordeling van de datakwaliteit en de lopende meting te definiëren. Om de kwaliteit van de data te meten, moet een organisatie kenmerken vaststellen die niet alleen belangrijk zijn voor de bedrijfsprocessen (de moeite waard om te meten), maar ook meetbaar en bruikbaar zijn. De afmetingen bieden een basis voor meetbare regels, die op hun beurt direct in verband moeten worden gebracht met potentiële risico's in kritieke processen. Bijvoorbeeld:

- **Een risico**: Als de data in het veld met het e-mailadres van de klant onvolledig zijn, kunnen we geen productinformatie naar onze klanten sturen via e-mail en verliezen we potentiële omzet.

- **Een middel om het risico te beperken**: We meten het percentage klanten voor wie we bruikbare e-mailadressen hebben, en we verbeteren onze processen totdat we een bruikbaar e-mailadres hebben voor ten minste 98% van onze klanten.

Veel vooraanstaande denkers hebben geschreven over datakwaliteitsdimensies.[43] Hoewel er geen enkele overeengekomen set van datakwaliteitsdimensies bestaat, bevatten alle sets gemeenschappelijke ideeën. De dimensies omvatten sommige kenmerken die objectief gemeten kunnen worden (volledigheid, validiteit, conformiteit van het formaat) en andere die sterk afhankelijk zijn van de context of van subjectieve interpretatie (bruikbaarheid, betrouwbaarheid, reputatie). Welke namen ook gebruikt worden, dimensies richten zich op de vraag of er voldoende data zijn (volledigheid), of ze correct zijn (nauwkeurigheid, validiteit), hoe goed ze in elkaar passen (consistentie, integriteit, uniciteit), of ze up-to-date zijn (tijdigheid), toegankelijk, bruikbaar en veilig.

In 2013 heeft DAMA Verenigd Koninkrijk een whitepaper opgesteld waarin zes kerndimensies van datakwaliteit worden voorgesteld. Hun lijst omvat:

- **Volledigheid**: Het aandeel van de opgeslagen data ten opzichte van het potentieel voor 100%.

---

[43] Zie Strong en Wang (1996), Redman (1996, 2001), English (1999, 2008), Loshin (2001), Olson (2003), McGilvray (2008), en Sebastian-Coleman (2013) voor gedetailleerde discussies over de dimensies van datakwaliteit. Zie Myers (2013) voor een vergelijking van de dimensies.

- **Uniekheid**: Geen enkele entiteit (ding) zal meer dan eens worden opgenomen op basis van hoe dat ding wordt geïdentificeerd.

- **Tijdigheid**: De mate waarin de data de werkelijkheid weergeven vanaf het vereiste tijdstip.

- **Geldigheid**: Data zijn geldig als ze voldoen aan de syntaxis (formaat, type, bereik) van de definitie.

- **Nauwkeurigheid**: De mate waarin de data het object of de gebeurtenis in de 'echte wereld' correct beschrijven.

- **Consistentie**: Het ontbreken van verschil, bij het vergelijken van twee of meer voorstellingen van een ding met een definitie.

In de DAMA UK-whitepaper worden ook andere kenmerken beschreven die van invloed zijn op de kwaliteit.

- **Bruikbaarheid**: Zijn de data begrijpelijk, relevant, toegankelijk, onderhoudbaar en op het juiste niveau van nauwkeurigheid?

- **Timing problemen** (voorbij de tijdigheid zelf): Is het stabiel maar reageert het op legitieme veranderingsverzoeken?

- **Flexibiliteit**: Zijn de data vergelijkbaar en compatibel met andere data? Heeft het nuttige groeperingen en classificaties? Kan het worden hergebruikt? Is het gemakkelijk te manipuleren?

- **Vertrouwen**: Is er sprake van datamanagement, databescherming en databeveiliging? Wat is de reputatie van de data en is deze geverifieerd of controleerbaar?

- **Waarde**: Is er een goede kosten/batenverhouding voor de data? Wordt het optimaal gebruikt? Wordt de veiligheid of de privacy van mensen of de wettelijke verantwoordelijkheden van de onderneming in gevaar gebracht? Ondersteunt of is het in strijd met het bedrijfsimago of de bedrijfsboodschap?

Elke organisatie die de kwaliteit van haar data wil verbeteren, moet een set van dimensies aannemen of ontwikkelen om de kwaliteit te meten. Het bereiken van consensus over kwaliteitsdimensies kan een beginpunt zijn voor een gemeenschappelijke woordenschat rond kwaliteit.

DATAKWALITEITSMANAGEMENT

Zoals hierboven vermeld, wordt de term *datakwaliteit* soms gebruikt om te verwijzen naar de processen die worden gebruikt om de kwaliteit van de data te meten of te verbeteren. Deze processen vormen *datakwaliteitsmanagement*. Terwijl alle datamanagementfuncties het potentieel hebben om de kwaliteit van de data te beïnvloeden, is het formele datakwaliteitsmanagement gericht op het helpen van de organisatie:

- **Definieer data van hoge kwaliteit**, door middel van DQ-normen, -regels en -eisen

- **Beoordeel de data** aan de hand van deze normen en communiceer de resultaten aan de belanghebbenden.

- **Monitor en rapporteer** over de kwaliteit van de data in applicaties en databanken

- **Benoem problemen** en pleit voor mogelijkheden tot verbetering

Datakwaliteitsmanagement is vergelijkbaar met kwaliteits-management voor andere producten. Het omvat het beheren van data gedurende de gehele levenscyclus door het vaststellen van standaarden, het inbouwen van kwaliteit in de processen die data creëren, transformeren en opslaan, en het meten van data ten opzichte van standaarden. Voor het beheren van data op dit niveau is meestal een programmateam nodig. Het programmateam is verantwoordelijk voor het betrekken van zowel zakelijke als technische datamanagementprofessionals en het aansturen van het werk om kwaliteitsmanagementtechnieken toe te passen op data om ervoor te zorgen dat de data geschikt is voor gebruik voor verschillende doeleinden.

Het team zal waarschijnlijk betrokken zijn bij een reeks projecten waarmee zij processen kunnen vaststellen en tegelijkertijd problemen met betrekking tot data van hoge prioriteit kunnen aanpakken. Omdat het beheer van de kwaliteit van de data inhoudt dat de levenscyclus van de data wordt beheerd, zal een datakwaliteitsprogramma ook operationele verantwoordelijkheden hebben met betrekking tot het gebruik van de data. Bijvoorbeeld het rapporteren over datakwaliteitsniveaus en het analyseren, kwantificeren en prioriteren van dataproblemen.

Het team is ook verantwoordelijk voor het werken met degenen die data nodig hebben om hun werk te doen, om ervoor te zorgen dat de data aan hun behoeften voldoen en voor het werken met degenen die data creëren, bijwerken of verwijderen zodat ze goed om kunnen gaan met de data. De kwaliteit van de data hangt af van iedereen die met de data werkt, niet alleen van de professionals op het gebied van datamanagement.

Net als bij data governance en bij datamanagement als geheel is datakwaliteitsmanagement een programma, geen project. Het omvat zowel project- als onderhoudswerk, samen met een verbintenis tot communicatie en opleiding. Het belangrijkste is dat het succes op lange termijn van het verbeteringsprogramma voor datakwaliteit afhangt van de vraag of een organisatie haar cultuur kan veranderen en een kwaliteitsmentaliteit kan aannemen. Zoals vermeld in *The Leader's Data Manifesto*: fundamentele, duurzame verandering vereist toegewijd leiderschap en betrokkenheid van mensen op alle niveaus in een organisatie. Mensen die data gebruiken om hun werk te doen - wat in de meeste organisaties een zeer groot percentage van de medewerkers is - moeten verandering stimuleren. En een van de meest kritische veranderingen waar we ons op moeten richten is de manier waarop hun organisaties de kwaliteit van hun data beheren en verbeteren.[44]

---

[44] Voor de volledige tekst van *The Leader's Data Manifesto*, zie: https://bit.ly/2sQhcy7.

De DAMA-principes voor datamanagement stellen dat datamanagement het beheer van de levenscyclus van data is en dat het beheer van data het beheer van de kwaliteit van de data betekent. Gedurende de gehele datalevenscyclus helpen datakwaliteitsmanagement activiteiten een organisatie om verwachtingen met betrekking tot haar data te definiëren en te meten. Deze verwachtingen kunnen in de loop van de tijd veranderen naarmate het gebruik van data door de organisatie evolueert (zie figuur 27).

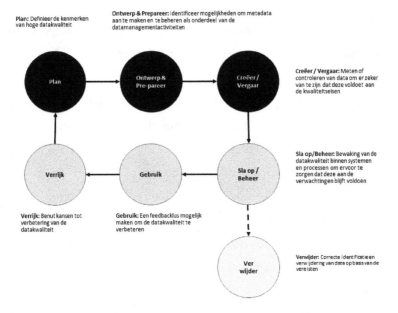

Figuur 27: Datakwaliteitsmanagement en de Datalevenscyclus (Aangepast uit DMBOK2, p. 29)

DATAKWALITEIT EN ANDERE FUNCTIES VOOR DATAMANAGEMENT

Zoals eerder opgemerkt, hebben alle gebieden van datamanagement het potentieel om de kwaliteit van de data te beïnvloeden. Data governance en stewardship, datamodellering en metadatamanagement hebben directe gevolgen voor het definiëren van de kwaliteit van de data. Als deze niet goed worden uitgevoerd, is het erg moeilijk om betrouwbare data te hebben. De drie zijn gerelateerd in die zin dat ze standaarden, definities en regels met betrekking tot data vaststellen. Datakwaliteit gaat over het voldoen aan verwachtingen. Gezamenlijk beschrijven deze een set van gemeenschappelijke verwachtingen voor kwaliteit.

De kwaliteit van de data is gebaseerd op de mate waarin deze voldoen aan de eisen van de dataconsument. Het hebben van een robuust proces waarmee data wordt gedefinieerd ondersteunt het vermogen van een organisatie om de standaarden en eisen waarmee de kwaliteit van data kan worden gemeten te formaliseren en te documenteren.

Metadata definieert wat de data vertegenwoordigen. Data Stewardship en de datamodelleringsprocessen zijn bronnen van kritische metadata. Goed beheerde metadata kunnen ook de inspanning om de kwaliteit van de data te verbeteren ondersteunen. Een metadata-repository kan resultaten van datakwaliteitsmetingen herbergen, zodat deze in de hele organisatie worden gedeeld en het datakwaliteitsteam kan werken aan consensus over prioriteiten en drijfveren voor verbetering.

Een datakwaliteitsprogramma is effectiever wanneer het deel uitmaakt van een data governanceprogramma, niet alleen omdat Data Stewardship vaak is afgestemd op data governance, maar ook omdat datakwaliteitsvraagstukken een primaire reden zijn voor het opzetten van bedrijfsbrede data governance. Het integreren van datakwaliteit in de totale governance-inspanning stelt het team van het datakwaliteitsprogramma in staat om samen te werken met alle belanghebbenden:

- Risico- en veiligheidsmedewerkers die kunnen helpen bij het identificeren van de kwetsbaarheden van de organisatie op het gebied van data.

- Business process engineering en training van medewerkers die teams kunnen helpen om procesverbeteringen door te voeren die de efficiëntie verhogen en resulteren in data die beter geschikt zijn voor downstream gebruik.

- Bedrijfs- en operationele datastewards en data-eigenaren die kritieke data kunnen identificeren, standaarden en kwaliteitsverwachtingen kunnen definiëren en prioriteit kunnen geven aan de sanering van dataproblemen.

Een Governance-organisatie kan het werk van een datakwaliteitsprogramma versnellen door:

- Prioriteiten stellen
- Ontwikkelen en onderhouden van standaarden en beleid voor datakwaliteit

- Het opzetten van communicatie- en
  kennisdelingsmechanismen

- Monitoring en rapportage van de prestaties en van de
  kwaliteitsmetingen van de data

- Het delen van de resultaten van de inspectie van de
  datakwaliteit om het bewustzijn op te bouwen en
  mogelijkheden tot verbetering te identificeren

Governance-programma's hebben ook vaak de verantwoordelijkheid
voor Master Datamanagement en het beheer van stamgegevens. Het
is het vermelden waard dat Master Datamanagement en beheer van
stamgegevens beide voorbeelden zijn van processen die gericht zijn op
het cureren van bepaalde soorten data om de kwaliteit ervan te
waarborgen. Het eenvoudigweg labelen van een dataset "Master
Data" impliceert bepaalde verwachtingen over de inhoud en de
betrouwbaarheid ervan.

KWALITEIT VAN DE DATA EN REGELGEVING

Zoals in de inleiding van het hoofdstuk is opgemerkt, biedt
aantoonbare datakwaliteit, net als aantoonbare databeveiliging, een
concurrentievoordeel. Zowel klanten als zakenpartners verwachten en
beginnen volledige en accurate data te eisen. Datakwaliteit is in
sommige   gevallen   ook   een   wettelijke   vereiste.
Datamanagementprocessen kunnen worden geaudit. Regelgeving die
direct verband houdt met datakwaliteitsprocessen omvatten eerder
genoemde voorbeelden:

- Sarbanes-Oxley (VS) die zich richt op de juistheid en geldigheid van financiële transacties

- Solvabiliteit II (EU), die zich richt op de data lineage en de kwaliteit van de data die aan de risicomodellen ten grondslag liggen

- De algemene verordening inzake databescherming (GDPR, EU) stelt dat persoonsdata nauwkeurig moeten zijn en waar nodig moeten worden bijgewerkt. Er moeten redelijke maatregelen worden genomen om onnauwkeurige persoonsdata te wissen of te corrigeren.

- Personal Information Protection and Electronic Documents Act (PIPEDA, Canada) stelt dat de persoonsdata zo nauwkeurig, volledig en actueel mogelijk moeten zijn voor de doeleinden ervan.

Het is de moeite waard om op te merken dat, zelfs als er geen specifieke eisen worden gesteld aan de kwaliteit van de data, de mogelijkheid om persoonlijke data te beschermen deels afhankelijk is van de kwaliteit van die data.

Cyclus voor verbetering van de datakwaliteit

De meeste benaderingen om de kwaliteit van de data te verbeteren zijn gebaseerd op de technieken voor kwaliteitsverbetering bij de vervaardiging van fysieke producten.[45] In dit paradigma worden data opgevat als het product van een reeks processen. In het eenvoudigste geval wordt een proces gedefinieerd als een reeks stappen die de input omzetten in output. Een proces dat data creëert kan bestaan uit één stap (dataverzameling) of uit vele stappen: dataverzameling, integratie in een datawarehouse, aggregatie in een data-mart, enz. Bij elke stap kan de data negatief worden beïnvloed. De data kunnen verkeerd worden verzameld, gedropt of gedupliceerd tussen systemen, verkeerd uitgelijnd of geaggregeerd, enz.

Om de kwaliteit van de data te verbeteren, moet de relatie tussen invoer en uitvoer kunnen worden beoordeeld om ervoor te zorgen dat de invoer aan de eisen van het proces voldoet en de resultaten aan de verwachtingen voldoen. De uitvoer van het ene proces is weer invoer voor andere processen. Daarom moeten de eisen over de hele dataketen worden gedefinieerd.

Een algemene benadering van datakwaliteitsverbetering, weergegeven in figuur 28, is een versie van de Shewhart / Deming cyclus[46]. Gebaseerd op de wetenschappelijke methode is de Shewhart / Deming cyclus een probleemoplossend model dat bekend staat als

---

45 Zie Wang (1998), English (1999), Redman (2001), Loshin (2001) en McGilvray (2008). Zie Pierce (2004) voor een overzicht van de literatuur met betrekking tot het begrip data als product.

46 Zie American Society for Quality: http://asq.org/learn-about-quality/project-planning-tools/overview/pdca-cycle.html Plan-Do-Check-Act is ontstaan door Walter Shewhart en gepopulariseerd door W. Edwards Deming. 6 Sigma's Measure, Analyze, Improve, Control (DMAIC) is een variatie op deze cyclus.

'plan-do-check-act'. Verbetering komt tot stand door een gedefinieerde set van stappen. De toestand van de data moet worden afgemeten aan de standaarden en als deze niet aan de standaarden voldoet, moet(en) de onderliggende oorzaak(en) van de afwijking van de standaarden worden geïdentificeerd en gesaneerd. De hoofdoorzaken kunnen worden gevonden in elk van de stappen van het proces, technisch of niet-technisch. Na de sanering moeten de data worden gecontroleerd om ervoor te zorgen dat ze aan de eisen blijven voldoen.

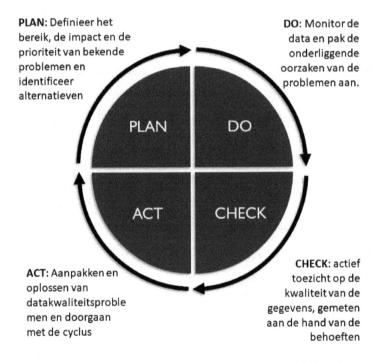

Figuur 28: Een Datakwaliteit Management Cyclus gebaseerd op de Shewhart Cyclus (DMBOK2, p. 263)

Voor een bepaalde dataset begint een cyclus van verbetering van de datakwaliteit met het identificeren van de data die niet voldoen aan de eisen van de consument en de datakwesties die een belemmering vormen voor het bereiken van de bedrijfsdoelstellingen. De data moeten worden beoordeeld aan de hand van de belangrijkste kwaliteitsdimensies en de bekende bedrijfseisen. De hoofdoorzaken van de problemen moeten worden geïdentificeerd, zodat de belanghebbenden inzicht krijgen in de kosten van de sanering en de risico's van het niet saneren van de problemen. Dit werk wordt vaak gedaan in samenwerking met Data Stewards en andere belanghebbenden.

In de *Plan-fase* beoordeelt het team voor datakwaliteit de omvang, de impact en de prioriteit van bekende problemen en evalueert het alternatieven om deze aan te pakken. Dit plan moet gebaseerd zijn op een solide basis van analyse van de onderliggende oorzaken van de problemen. Op basis van kennis van de oorzaken en de impact van de problemen, kunnen de kosten/ baten worden begrepen, kan de prioriteit worden bepaald en kan een basisplan worden geformuleerd om ze aan te pakken.

In de *Do-fase* leidt het DK-team de inspanningen om de hoofdoorzaken van de problemen aan te pakken en plannen te maken voor een voortdurende check van de data. Voor de hoofdoorzaken die gebaseerd zijn op niet-technische processen kan het DK-team samenwerken met proceseigenaren om veranderingen door te voeren. Voor hoofdoorzaken die technische veranderingen vereisen, dient het DK-team samen te werken met technische teams en ervoor te zorgen dat de eisen correct worden geïmplementeerd en dat er geen onbedoelde fouten worden geïntroduceerd door technische veranderingen.

De *Check-fase* houdt in dat de kwaliteit van de data, gemeten aan de hand van de eisen, actief wordt bewaakt. Zolang de data aan bepaalde kwaliteitsdrempels voldoen, zijn er geen extra acties nodig. De processen worden onder controle gehouden en voldoen aan de eisen van het bedrijf. Als de data echter onder aanvaardbare kwaliteitsdrempels vallen, moeten er aanvullende maatregelen worden genomen om de data op een aanvaardbaar niveau te brengen.De *Act-fase* is voor activiteiten om nieuwe problemen op het gebied van datakwaliteit aan te pakken en op te lossen. De cyclus start opnieuw, aangezien de oorzaken van de problemen worden beoordeeld en oplossingen worden voorgesteld. Continue verbetering wordt bereikt door het starten van een nieuwe cyclus. Nieuwe cycli beginnen als:

- Bestaande metingen vallen onder de drempels
- Nieuwe datasets worden onderzocht
- Nieuwe datakwaliteitseisen ontstaan voor bestaande datasets
- Bedrijfsregels, standaarden of verwachtingen veranderen

Het vaststellen van criteria voor datakwaliteit aan het begin van een proces of systeembouw is een teken van een volwassen datamanagementorganisatie. Dit vraagt om governance en discipline, maar ook om cross-functionele samenwerking.

Het inbouwen van kwaliteit in de datamanagementprocessen vanaf het begin kost minder dan het achteraf inbouwen ervan. Het onderhouden van hoogwaardige data gedurende de gehele datalevenscyclus is minder riskant dan het proberen te verbeteren van de kwaliteit in een bestaand proces. Het heeft ook een veel lagere impact op de organisatie.

Het is het beste om de dingen de eerste keer goed te doen, al hebben maar weinig organisaties de luxe om dat te doen. Zelfs als ze dat doen, is het beheren van de kwaliteit een continu proces. Veranderende eisen en organische groei in de loop van de tijd kunnen leiden tot problemen met de datakwaliteit, die kostbaar kunnen zijn als ze niet worden gecontroleerd, maar die in de kiem kunnen worden gesmoord als een organisatie aandacht heeft voor de potentiële risico's.

DATAKWALITEIT EN BETROKKENHEID VAN HET MANAGEMENT

Datakwaliteitsproblemen kunnen zich voordoen op elk moment in de levenscyclus van de data, van de creatie tot de verwijdering. Bij het onderzoeken van de hoofdoorzaken moeten analisten op zoek gaan naar potentiële boosdoeners, zoals problemen met invoer van data, dataverwerking, systeemontwerp en handmatige interventie in geautomatiseerde processen. Veel problemen zullen meerdere oorzaken hebben en bijdragen (vooral als mensen manieren hebben gecreëerd om er omheen te werken). Deze oorzaken van problemen impliceren ook dat problemen met de datakwaliteit kunnen worden voorkomen:

- Verbetering van het interfaceontwerp

- Testen van de regels voor de kwaliteit van de data als onderdeel van de verwerking

- Een focus op datakwaliteit binnen het systeemontwerp

- Strenge controles op manuele interventie in geautomatiseerde processen

Het is duidelijk dat er een preventieve tactiek moet worden toegepast. Echter, het gezond verstand zegt en onderzoek geeft aan dat veel datakwaliteitsproblemen worden veroorzaakt door een gebrek aan organisatorische betrokkenheid bij hoogwaardige data, wat op zijn beurt voortvloeit uit een gebrek aan leiderschap, zowel in de vorm van governance als in de vorm van management.

Elke organisatie heeft informatie en data die van waarde zijn voor haar activiteiten. Inderdaad, de activiteiten zijn afhankelijk van het vermogen om informatie te delen. Desondanks zijn er maar weinig organisaties die deze bedrijfsmiddelen rigoureus beheren.

Veel governance- en informatieprogramma's worden uitsluitend gedreven door compliance, en niet door de potentiële waarde van data als bedrijfsmiddel. Een gebrek aan erkenning van de kant van het leiderschap betekent een gebrek aan inzet binnen een organisatie voor het beheer van data als een bedrijfsmiddel, met inbegrip van het beheer van de kwaliteit ervan.[47] Belemmeringen voor een effectief beheer van datakwaliteit (zie figuur 29) zijn onder andere:[48]

---

[47] Evans & Price, 2012.

[48] Aangepast aan *The Leader's Data Manifesto*. https://dataleaders.org/.

- Gebrek aan bewustzijn van de kant van de leiding en het personeel

- Gebrek aan governance

- Gebrek aan leiderschap en management

- Moeilijkheid om verbeteringen te rechtvaardigen

- Ongeschikte of ondoeltreffende instrumenten om de waarde te meten

Deze barrières hebben negatieve effecten op de klantervaring, de productiviteit, het moreel, de organisatorische effectiviteit, de omzet en het concurrentievoordeel. Ze verhogen de kosten van het runnen van de organisatie en introduceren ook risico's. Zoals bij het begrijpen van de hoofdoorzaak van elk probleem, geeft de erkenning van deze barrières - de hoofdoorzaken van de slechte kwaliteit van de data - een organisatie inzicht in hoe ze de kwaliteit kan verbeteren. Als een organisatie zich realiseert dat ze geen sterke business governance omtrent eigendom en verantwoording heeft, dan kan ze het probleem aanpakken door business governance omtrent eigendom en verantwoording in te stellen. Als het management ziet dat de organisatie niet weet hoe ze informatie aan het werk moet zetten, dan kan het management processen in gang zetten zodat de organisatie kan leren hoe ze dat moet doen.

Erkenning van een probleem is de eerste stap naar de oplossing ervan. Het daadwerkelijk oplossen van problemen kost veel werk. De meeste belemmeringen voor het beheer van informatie als een bedrijfsmiddel zijn van culturele aard. Het aanpakken ervan vereist een formeel proces van verandermanagement.

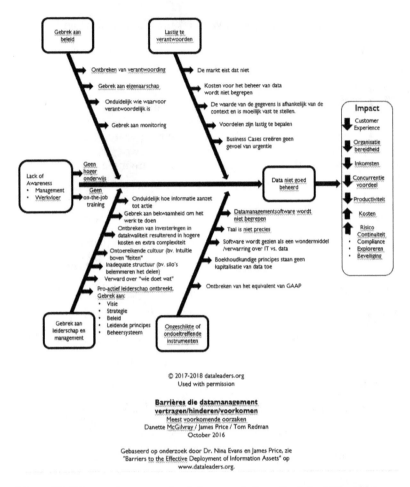

© 2017-2018 dataleaders.org
Used with permission

**Barrières die datamanagement
vertragen/hinderen/voorkomen**
Meest voorkomende oorzaken
Danette McGilvray / James Price / Tom Redman
October 2016

Gebaseerd op onderzoek door Dr. Nina Evans en James Price, zie
"Barriers to the Effective Deployment of Information Assets" op
www.dataleaders.org.

Figuur 29: Belemmeringen voor het beheer van informatie als bedrijfsmiddel
(DMBOK2, p. 467)[49]

---

[49] Diagram ontwikkeld door Danette McGilvray, James Price en Tom Redman.
Gebruikt met toestemming. https://dataleaders.org/.

ORGANISATIE EN CULTURELE VERANDERING

De kwaliteit van de data zal niet worden verbeterd door een verzameling van tools en concepten, maar door een mentaliteit die medewerkers en belanghebbenden helpt om verantwoording af te leggen over de kwaliteit van de data die nodig zijn om hun organisatie en haar klanten te bedienen. Om een organisatie gewetensvol om te laten gaan met de kwaliteit van data is vaak een belangrijke cultuurverandering nodig. Een dergelijke verandering vereist visie en leiderschap.

De eerste stap is het bevorderen van het bewustzijn over de rol en het belang van data voor de organisatie en het definiëren van de kenmerken van hoogwaardige data. Alle medewerkers moeten zich verantwoordelijk opstellen en problemen met de kwaliteit van de data aan de orde stellen, vragen om data van goede kwaliteit als dataverbruiker, en kwaliteitsinformatie aan anderen verstrekken. Iedere persoon die de data aanraakt kan de kwaliteit van die data beïnvloeden. Datakwaliteit is niet alleen de verantwoordelijkheid van een DK-team, een data governance-team of een IT-groep.

Net zoals de medewerkers moeten begrijpen wat de kosten zijn om een nieuwe klant te werven of een bestaande klant te behouden, moeten ze ook de organisatiekosten van slechte kwaliteitsdata kennen, evenals de voorwaarden die ervoor zorgen dat de data van slechte kwaliteit zijn. Als klantdata bijvoorbeeld onvolledig zijn, kan een klant het verkeerde product ontvangen, wat directe en indirecte kosten voor een organisatie met zich meebrengt. Niet alleen zal de klant het product terugsturen, maar hij of zij kan ook bellen en klagen, met behulp van call center tijd, en het creëren van het potentieel voor reputatieschade aan de organisatie. Als de klantdata onvolledig zijn omdat de organisatie geen duidelijke eisen heeft vastgesteld, dan heeft iedereen die deze data gebruikt een belang bij het verduidelijken van de eisen en het volgen van de normen.

Uiteindelijk moeten medewerkers anders denken en handelen als ze betere kwaliteitsdata willen produceren en data willen beheren op een manier die de kwaliteit waarborgt. Dit vereist niet alleen training, maar ook versterking door toegewijd leiderschap.

WAT U MOET WETEN

- Data van slechte kwaliteit zijn kostbaar. Hoogwaardige data heeft veel voordelen.

- De kwaliteit van de data kan worden beheerd en verbeterd, net zoals de kwaliteit van de fysieke producten kan worden beheerd en verbeterd.

- De kosten om de data de eerste keer goed te krijgen zijn lager dan de kosten om de data verkeerd te krijgen en te repareren.

- Datakwaliteitsmanagement vereist een breed scala aan vaardigheden en organisatorische inzet.

- Organisatorisch engagement voor kwaliteit vereist toegewijd leiderschap.

HOOFDSTUK 12

Wat nu te doen

Of u nu de details hebt gelezen of de koppen hebt afgeschuimd, wij hopen dat u de bewering in de inleiding dat betrouwbare data niet per ongeluk worden geproduceerd, beter begrijpt. We hebben geprobeerd aan te tonen dat goed beheerde data afhankelijk zijn van planning, bestuur en toewijding aan kwaliteit en veiligheid, evenals van een gedisciplineerde uitvoering van lopende datamanagementprocessen.

In dit hoofdstuk worden stappen besproken die cruciaal zijn voor het initiëren van verbeteringen in de volwassenheid van de organisatie op het gebied van datamanagement. Deze omvatten:

- Beoordeling van de huidige status

- Inzicht in de mogelijkheden voor verbetering met het oog op de ontwikkeling van een stappenplan voor datamanagement

- Het initiëren van een veranderprogramma ter ondersteuning van de uitvoering van de roadmap

BEOORDEEL DE HUIDIGE STATUS

De eerste stap naar het oplossen van een probleem is het begrijpen ervan. Alvorens een nieuwe organisatie te definiëren of te proberen een bestaande te verbeteren, is het belangrijk om de huidige staat van de onderdelen te begrijpen, vooral omdat deze betrekking hebben op de cultuur, het bestaande besturingsmodel en de mensen. Hoewel de specifieke kenmerken van culturele verandering zullen verschillen van organisatie tot organisatie, zal de beoordeling van de huidige staat gericht op het verbeteren van het datamanagement verantwoording moeten afleggen:

- **De rol van data in de organisatie**: Welke belangrijke processen zijn datagestuurd? Hoe worden de datavereisten gedefinieerd en begrepen? Hoe goed wordt de rol van data in de organisatiestrategie herkend? Op welke manieren is de organisatie zich bewust van de kosten van slechte kwaliteit data?

- **Culturele normen over data**: Zijn er potentiële culturele obstakels voor het implementeren of verbeteren van datamanagement- en governancestructuren? Zijn upstream-bedrijfseigenaren zich bewust van het downstream-gebruik van hun data?

- **Datamanagement en -governanceprocessen**: Hoe en door wie wordt datagerelateerd werk uitgevoerd? Hoe en door wie worden beslissingen over data genomen?

- **Hoe het werk wordt georganiseerd en uitgevoerd**: Wat is de relatie tussen projectgerichtheid en operationele uitvoering? Welke beslisstructuren bestaan er ter ondersteuning van datamanagement? Wat is het operationele model voor IT/Bedrijfsinteracties? Hoe worden projecten gefinancierd?

- **Rapportage van relaties**: Is de organisatie gecentraliseerd of gedecentraliseerd, hiërarchisch of vlak? Hoe coöperatief zijn teams?

- **Vaardigheidsniveaus**: Wat is het niveau van de datakennis en de kennis van het datamanagement van domeinexperts en andere belanghebbenden, van lijnmedewerkers tot leidinggevenden?

Bij de beoordeling van de huidige toestand moet ook worden gekeken naar de mate van tevredenheid over de huidige toestand. Dit geeft inzicht in de behoeften en prioriteiten van de organisatie op het gebied van datamanagement. Bijvoorbeeld:

- **Besluitvorming**: Heeft de organisatie de informatie die ze nodig heeft om goede, tijdige beslissingen te nemen?

- **Rapportage**: Heeft de organisatie vertrouwen in haar omzetrapporten en andere kritische data?

- **Key Performance Indicators** (KPI's): Hoe effectief volgt de organisatie haar KPI's?

- **Naleving**: Voldoet de organisatie aan alle wetten met betrekking tot het beheer van data?

De meest effectieve manier om een dergelijke beoordeling uit te voeren is door gebruik te maken van een betrouwbaar datamanagementvolwassenheidsmodel dat inzicht geeft in zowel de wijze waarop de organisatie zich met andere organisaties vergelijkt als in de begeleiding van de volgende stappen.[50]

Zoals beschreven in hoofdstuk 3, definiëren volwassenheidsmodellen vijf of zes niveaus van volwassenheid, elk met hun eigen kenmerken, die variëren van niet-bestaand of ad hoc tot geoptimaliseerde of hoge prestaties.

De volgende samenvatting van niveaus van de volwassenheid van het datamanagement illustreert het concept. Een gedetailleerde beoordeling zou criteria bevatten voor brede categorieën zoals mensen, processen en technologie; en voor subcategorieën zoals strategie, beleid, standaarden, roldefinitie, technologie / automatisering, etc. binnen elke datamanagementfunctie of kennisgebied.

---

[50] Het aannemen van een geschikt volwassenheidsmodel is een sleutel tot succes. Zie de DMBOK2 en: Alan McSweeney, *Review of Datamanagement Maturity Models*, SlideShare.net, gepubliceerd 2013-10-23. https://bit.ly/2spTCY9. Jeff Gorball, *Inleiding tot Datamanagement Maturity Models*, SlideShare.net, gepubliceerd 2016-08-01. McSweeney neemt de DAMA-DMBOK op als een van zijn volwassenheidsmodellen, hoewel de DMBOK niet als zodanig is gestructureerd.

- **Niveau 0: Geen capaciteiten**: Geen georganiseerde datamanagementprocessen of formele bedrijfsprocessen voor het beheer van data. Zeer weinig organisaties bestaan op niveau 0. Dit niveau wordt erkend voor de definitie.

- **Niveau 1 Initial / Ad Hoc**: Beheer van data voor algemene doeleinden met behulp van een beperkte set hulpmiddelen, met weinig of geen sturing. De dataverwerking is sterk afhankelijk van enkele experts. Rollen en verantwoordelijkheden zijn gedefinieerd binnen silo's. Elke data-eigenaar ontvangt, genereert en verzendt data autonoom. Controles, indien aanwezig, worden inconsequent toegepast. Oplossingen voor het beheer van data zijn beperkt. Problemen met de datakwaliteit zijn alomtegenwoordig en worden niet aangepakt. De ondersteuning van de infrastructuur bevindt zich op het niveau van de business unit. Beoordelingscriteria kunnen de aanwezigheid van procescontroles omvatten, zoals het loggen van datakwaliteitsproblemen.

- **Niveau 2 Herhaalbaar**: Opkomst van consistente instrumenten en roldefinitie ter ondersteuning van de procesuitvoering. In Niveau 2 begint de organisatie gebruik te maken van gecentraliseerde tools en meer toezicht te houden op het datamanagement. Rollen worden gedefinieerd en processen zijn niet alleen afhankelijk van specifieke experts. Er is organisatorische bewustwording van datakwaliteitsvraagstukken en -concepten. Concepten van het beheer van master- en referentiegegevens beginnen herkend te worden. Beoordelingscriteria kunnen zijn: formele roldefinitie in artefacten zoals functiebeschrijvingen, het bestaan van procesdocumentatie en het vermogen om gebruik te maken van gereedschapssets.

- **Niveau 3 gedefinieerd**: Opkomende vaardigheden voor datamanagement. Op niveau 3 zijn toetsbare datamanagementprocessen geïntroduceerd en wordt een visie op datamanagement geïnstitutionaliseerd. Dit maakt het mogelijk om data te managen. Kenmerken zijn onder meer de replicatie van data binnen een organisatie met enkele controles en een algemene verhoging van de algemene datakwaliteit, samen met een gecoördineerde beleidsdefinitie en -beheer. Een meer formele procesdefinitie leidt tot een significante vermindering van handmatige interventie. Dit, samen met een gecentraliseerd ontwerpproces, betekent dat de procesresultaten voorspelbaarder zijn. Beoordelingscriteria kunnen zijn: het bestaan van datamanagementbeleid, het gebruik van volwassenheidstoetsen en de consistentie van datamodellen en systeemcontroles.

- **Niveau 4 Beheerd**: De institutionele kennis die wordt opgedaan door de groei van de niveaus 1-3 stelt de organisatie in staat om resultaten te voorspellen bij het benaderen van nieuwe projecten en taken en om te beginnen met het beheren van risico's met betrekking tot data. Datamanagement omvat prestatiemetingen. Kenmerken van Niveau 4 zijn onder andere gestandaardiseerde tools voor datamanagement van desktop tot infrastructuur, gekoppeld aan een goed gevormde gecentraliseerde plannings- en bestuursfunctie. Uitdrukkingen van dit niveau zijn een meetbare verhoging van de datakwaliteit en organisatiebrede mogelijkheden zoals end-to-end data-audits.

Beoordelingscriteria kunnen zijn: metrieken met betrekking tot projectsucces, operationele metrieken voor systemen en datakwaliteitsmetrieken.

- **Niveau 5: Optimalisatie**: Wanneer datamanagementprocessen worden geoptimaliseerd, zijn ze zeer voorspelbaar, dankzij de procesautomatisering en het beheer van technologische veranderingen. Organisaties op dit niveau van volwassenheid richten zich op continue verbetering. Op Niveau 5 maken de tools een overzicht van de data over de processen heen mogelijk. De proliferatie van data wordt gecontroleerd om onnodige duplicatie te voorkomen. Goed begrepen metrieken worden gebruikt om de datakwaliteit en -processen te beheren en te meten. Beoordelingscriteria kunnen onder meer zijn: change management artefacten en metrieken over procesverbetering.

Figuur 30 illustreert een manier om een samenvatting van de bevindingen van een DMMA te visualiseren. Voor elk van de vaardigheden (Governance, Architectuur, enz.) toont de buitenste ring van het scherm het niveau die de organisatie heeft bepaald om succesvol te kunnen concurreren. De binnenste ring toont het niveau zoals bepaald via de toets. Gebieden waar de afstand tussen de twee ringen het grootst is, vormen de grootste risico's voor de organisatie.

Een dergelijk rapport kan helpen bij het stellen van prioriteiten. Het kan ook worden gebruikt om de voortgang in de tijd te meten.

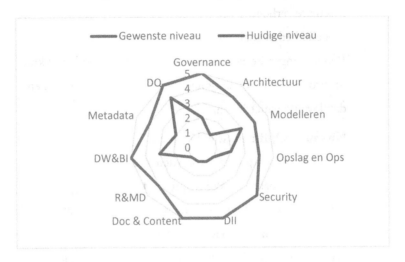

Figuur 30: Voorbeeld van een Datamanagement Maturity Assessment Visualisatie (DMBOK2, p. 537)

Het primaire doel van een actuele statusbeoordeling is het begrijpen van het uitgangspunt van de organisatie om te plannen voor verbetering. Een nauwkeurige evaluatie is belangrijker dan een hoge score. Een formele volwassenheidstoets geeft de organisatie inzicht door specifieke sterktes en zwaktes van kritische datamanagement activiteiten te visualiseren. Het helpt de organisatie bij het identificeren, prioriteren en implementeren van verbetermogelijkheden.

Bij het bereiken van het primaire doel kan een DMMA een positieve invloed hebben op de cultuur. Het helpt bij:

- Voorlichting van de belanghebbenden over de concepten, principes en werkwijzen van het datamanagement

- Verduidelijken van de rollen en verantwoordelijkheden van de belanghebbenden met betrekking tot de organisatiedata
- Benadrukken van de noodzaak om data te beheren als een kritisch bezit
- Verbreden van de erkenning van datamanagement activiteiten in de hele organisatie
- Bijdragen aan de verbetering van de samenwerking die nodig is voor een doeltreffend datamanagement

Op basis van de beoordelingsresultaten kan een organisatie haar datamanagementprogramma verbeteren, zodat het de operationele en strategische richting van de organisatie ondersteunt. Meestal ontwikkelen datamanagementprogramma's zich in organisatorische silo's. Ze beginnen zelden met een organisatiebreed perspectief van de data. Een DMMA kan de organisatie uitrusten om een samenhangende visie te ontwikkelen die de algemene strategie van de organisatie ondersteunt. Een DMMA stelt de organisatie in staat om prioriteiten te verduidelijken, doelstellingen te kristalliseren en een geïntegreerd plan voor verbetering te ontwikkelen.

GEBRUIK DE RESULTATEN OM TE PLANNEN VOOR VERBETERING

Een 'as-is'-analyse zal helpen om te bepalen wat goed werkt, wat niet goed werkt en waar een organisatie lacunes heeft. Bevindingen vormen de basis voor het in kaart brengen van de doelstellingen van het programma, omdat ze helpen bepalen waar te beginnen en hoe snel te handelen. Doelen moeten zich richten op:

- Hoogwaardige verbetermogelijkheden met betrekking tot processen, methoden, middelen en automatisering
- Mogelijkheden die aansluiten bij de bedrijfsstrategie
- Governance processen voor periodieke evaluatie van de organisatorische vooruitgang op basis van kenmerken in het model

De details van de actieplannen zullen afhangen van de resultaten van de huidige staatsevaluatie, maar een voorbeeld zal laten zien hoe het proces werkt.

Tabel 4 bevat een zeer vereenvoudigd model dat alleen rekening houdt met de toepassing van een standaardmethode en de mate van automatisering van het proces.

Volwassenheidsgraad	DK-meetkarakteristieken	Mate van automatisering
Niveau 5 Geoptimaliseerd: Procesverbeteringsdoel en worden gekwantificeerd	De DK-rapporten worden breed gedeeld met de stakeholders. De resultaten van de datakwaliteits-meting worden gebruikt om de mogelijkheden voor systeem- en bedrijfs-procesverbeteringen te identificeren en de impact van deze verbeteringen wordt gerapporteerd.	Rapportage, inclusief waarschuwingen, is volledig geautomatiseerd

Volwassenheidsgraad	DK-meetkarakteristieken	Mate van automatisering
Niveau 4 Beheerd: Processen worden gekwantificeerd en gecontroleerd	Systeem- en bedrijfsprocesbeheerders zijn verplicht de kwaliteit van hun data te meten en te rapporteren over de resultaten, zodat de afnemers van de data een consistente kennis hebben van de kwaliteit van de data.	Het meetproces is volledig geautomatiseerd.
Niveau 3 gedefinieerd: Normen worden vastgesteld en gebruikt	Er zijn normen gedefinieerd voor de meting van de datakwaliteit en deze worden in verschillende teams toegepast.	Er is gekozen voor een standaardaanpak van de automatisering.
Niveau 2 Herhaalbaar: Minimale procesdiscipline is aanwezig	Mensen hebben geleerd hoe ze de kwaliteit van de data kunnen meten en ze ontwikkelen een consistente aanpak om dit te doen.	Processen zijn nog steeds grotendeels handmatig, maar sommige teams hebben de automatisering getest.
Niveau 1 Initieel of ad hoc: het succes hangt af van de competentie van de personen.	Individuen proberen de kwaliteit van de data te meten, maar dat is niet direct onderdeel van hun werk en ze hebben geen gedefinieerde methodologie.	Geen enkele. Metingen worden handmatig uitgevoerd
Niveau 0 Afwezigheid van capaciteiten	De meting van de datakwaliteit bestaat niet.	Niet van toepassing

Tabel 4: Volwassenheidsniveaus voor de meting van de datakwaliteit

Laten we zeggen dat een organisatie de noodzaak erkent om de kwaliteit van haar data te verbeteren. Uit de huidige status blijkt echter dat het niveau 1 is bereikt. Het heeft nog geen herhaalbare processen rond datakwaliteit vastgesteld, maar er zijn individuen die er aan geroken hebben en sommige dingen hebben uitgedokterd. Op basis van haar algemene strategie stelt zij zich ten doel om binnen 18 maanden van niveau 1 naar niveau 3 over te gaan.

Om dit doel te bereiken is een actieplan nodig dat rekening houdt met verschillende werkstromen:

- Onderzoek naar benaderingen voor het meten van de kwaliteit van data en het hanteren van een aanpak die aansluit bij de pijnpunten van de organisatie, de meetdoelstellingen en de sector.
- Opleiding van het personeel over de methodologie
- Identificeren en aannemen van instrumenten ter ondersteuning van de uitvoering van de methodologie

Naast het uitvoeren van plannen om deze doelen te bereiken, moeten leiders ook rekening houden met toekomstige ontwikkelingen (d.w.z. bij de overgang naar Niveau 3 moet de organisatie ook zelf klaar zijn om naar Niveau 4 te gaan).

Dit eenvoudige voorbeeld toont het denkproces rond de planning voor verbetering van een onderdeel van het datamanagement. Zoals opgemerkt in hoofdstuk 3, kunnen volwassenheidstoetsen verschillende aandachtsgebieden hebben. Als uw organisatie haar datamanagementprocessen uitgebreid evalueert, dan zal de output vele mogelijkheden voor verbetering identificeren. Deze zullen prioriteit moeten krijgen om de bedrijfsstrategie te ondersteunen. Een volwassenheidsmodel voor datamanagement levert richtlijnen voor het verbeteren van de gewenste functionele gebieden van datamanagement. Het traject naar verbetering kan worden aangepast aan de behoeften en prioriteiten van een organisatie.

INITIËREN VAN VERANDERMANAGEMENT TER ONDERSTEUNING VAN DE ROADMAP

De meeste organisaties die hun datamanagement of governanceprocessen willen verbeteren, bevinden zich in het midden van de capability maturity schaal (d.w.z. dat ze noch 0'en, noch 5'en scoren op de maturity schaal). Dat betekent dat ze bijna allemaal hun processen moeten verbeteren.

Voor de meeste organisaties vereist het verbeteren van datamanagementprocessen een verandering in de manier waarop mensen samenwerken en hoe ze de rol van data in hun organisatie begrijpen, evenals de manier waarop ze data gebruiken en technologie inzetten om organisatorische processen te ondersteunen. Succesvolle datamanagementprocessen vereisen onder andere:

- Leren managen op het horizontale vlak door de verantwoordelijkheden in de informatiewaardeketen op elkaar af te stemmen

- Veranderen van focus van verticale (silo)verantwoording naar gedeeld rentmeesterschap van informatie

- Het evolueren van de kwaliteit van de informatie van een nichebedrijf of de functie van de IT-afdeling naar een kernwaarde van de organisatie

- Het denken over informatiekwaliteit verschuift van 'data schonen en scorecards' naar een meer fundamenteel organisatorisch vermogen om kwaliteit in processen in te bouwen.

- Processen implementeren om de kosten van slecht datamanagement en de waarde van gedisciplineerd datamanagement te meten

Dit niveau van verandering wordt niet bereikt door technologie (ook al kan passend gebruik van softwaretools de levering ondersteunen). Het wordt in plaats daarvan gerealiseerd door een zorgvuldige en gestructureerde aanpak van het beheer van de verandering in de organisatie. Verandering zal op alle niveaus nodig zijn. Het is van cruciaal belang dat het wordt gemanaged en gecoördineerd om doodlopende initiatieven, verlies van vertrouwen en schade aan de geloofwaardigheid van de informatiebeheerfunctie en haar leiderschap te voorkomen.

Culturele verandering vereist planning, training en versterking. Bewustwording, eigenaarschap en verantwoordelijkheid zijn de sleutel tot het activeren en betrekken van mensen bij initiatieven, beleid en processen op het gebied van datamanagement.

Kritische succesfactoren voor verandermanagement zijn bekend. Tien factoren blijken consequent een sleutelrol te spelen in het succes van effectieve datamanagementorganisaties, ongeacht hun structuur:

1. **Management sponsor**: De managementsponsor moet het initiatief begrijpen en er in geloven. Hij of zij moet in staat zijn om effectief andere leiders te betrekken bij het ondersteunen van de veranderingen.

2. **Duidelijke visie**: Organisatorische leiders moeten ervoor zorgen dat alle belanghebbenden die te maken hebben met datamanagement - zowel intern als extern - begrijpen en internaliseren wat datamanagement is, waarom het belangrijk is en hoe hun werk erdoor wordt beïnvloed.

3. **Proactief verandermanagement**: Het toepassen van verandermanagement op een datamanagementpraktijk richt zich op de mensen. Dit verhoogt de kans dat de gewenste processen en organisatiestructuren beklijven.

4. **Leiderschapsafstemming**: Leiderschapsafstemming zorgt ervoor dat er overeenstemming is over - en eenduidige steun voor - de noodzaak van een datamanagementprogramma en dat er overeenstemming is over de manier waarop het succes zal worden gedefinieerd. Leiderschapsafstemming omvat zowel de afstemming tussen de doelen van de leiders en de resultaten van het datamanagement als de waarde *en* doelgerichtheid van de leiders.

5. **Communicatie**: De organisatie moet ervoor zorgen dat belanghebbenden een duidelijk inzicht hebben in wat datamanagement is en waarom het belangrijk is voor het bedrijf, wat er verandert en welke gedragsveranderingen nodig zijn.

6. **Betrokkenheid van de belanghebbenden**: Individuen en groepen die betrokken zijn bij een datamanagement-initiatief zullen anders reageren op het nieuwe programma en hun rol binnen het programma. De manier waarop de organisatie deze stakeholders betrekt - hoe ze communiceren met, reageren op en betrekken bij het initiatief - zal een significante impact hebben op het succes van het initiatief.

7. **Oriëntatie en training**: Opleiding is essentieel om datamanagement mogelijk te maken. Verschillende groepen mensen (leiders, data stewards, data-eigenaren, technische teams) zullen verschillende soorten en niveaus van onderwijs nodig hebben om hun rol effectief te kunnen vervullen. Veel mensen zullen training nodig hebben over nieuw beleid, processen, technieken, procedures en zelfs tools.

8. **Adoptiemeting**: Bouw metrieken rond de voortgang en de adoptie van de datamanagement richtlijnen en ben van plan om te weten dat de datamanagement roadmap werkt en dat het zal blijven werken. Het faciliterende aspect van datamanagement zou zich kunnen richten op het verbeteren van datagerichte processen, zoals het afsluiten van een maand, het identificeren van risico's en de efficiëntie van de projectuitvoering. Het innovatieaspect van datamanagement zou zich kunnen richten op verbetering van de besluitvorming en de analyse door middel van verbeterde en betrouwbare data.

9. **Het naleven van de leidende beginselen**: Leidende principes, zoals de DAMA-principes voor datamanagement,

dienen als referentiepunt van waaruit alle beslissingen worden genomen. Het opstellen ervan is een belangrijke eerste stap in het creëren van een datamanagementprogramma dat effectief veranderingen in het gedrag stuurt.

10. **Evolutie niet revolutie:** In alle aspecten van datamanagement helpt de filosofie van 'evolutie niet revolutie' om grote veranderingen of grootschalige projecten met een hoog risico tot een minimum te beperken. Het opzetten van een organisatie die in de loop van de tijd evolueert en rijpt, het stapsgewijs verbeteren van de manier waarop data worden beheerd en geprioriteerd door de bedrijfsdoelstellingen, zal ervoor zorgen dat nieuw beleid en nieuwe processen worden overgenomen en gedragsveranderingen worden ondersteund.

WAT U MOET WETEN

- Hoewel het datamanagement complex is, kan het effectief en efficiënt worden uitgevoerd.

- In uw leiderschapsrol kunt u een belangrijke bijdrage leveren aan het vermogen van uw organisatie om waarde uit haar data te halen, als u betrokkenheid bij het proces toont en deelt.

- Vooruitgaan begint met het slim omgaan met de huidige status: doe een beoordeling die je in staat stelt om te begrijpen waar je bent en van daaruit te plannen.

- Besef dat veranderingen in de manier waarop u data beheert, de manier waarop mensen samenwerken zal veranderen. Doe formeel verandermanagement om de culturele veranderingen te bereiken die succes zullen brengen.

- Volg de principes en best practices terwijl u de weg vrijmaakt voor uw organisatie om meer waarde uit haar data te halen.

Met dank aan

Dit boek is gebaseerd op de tweede editie van DAMA's Datamanagement Body of Knowledge (DMBOK2). Het had niet geschreven kunnen worden zonder de primaire bijdragers aan de DMBOK2 en de eerste redactie die het DMBOK2-handboek heeft samengesteld en de geïntegreerde feedback van honderden DAMA-leden.

De bijdragen en de redactie zijn onder andere: Robert Abate, Gene Boomer, Chris Bradley, Micheline Casey, Mark Cowan, Pat Cupoli, Susan Earley, Håkan Edvinsson, Deborah Henderson, Steve Hoberman, Ken Kring, Krish Krishnan, John Ladley, Lisa Nelson, Daragh O Brien, Kelle O'Neal, Katherine O'Keefe, Mehmet Orun, April Reeve, David Schlesinger (CISSP), Sanjay Shirude, Eva Smith, Martin Sykora, Elena Sykora, Rossano Tavares, Andrea Thomsen en Saad Yacu.

Het idee voor een executive guide voor datamanagement was het geesteskind van DAMA International President Sue Geuens. Het zou niet zijn ontstaan zonder haar initiatief en aanmoediging. Steve Hoberman, uitgeverij DMBOK en datamodelleur-rockster, heeft ook nu weer waardevolle adviezen en begeleiding gegeven tijdens het proces van het werken aan dit boek.

Speciale dank aan mijn man, George Sebastian-Coleman voor zijn steun, aanmoediging en ... geduld.

Laura Sebastian-Coleman, Ph.D., CDM, IQCP

VP Publicaties en redactie

DAMA Internationaal

Met dank aan

Deze vertaling is tot stand gekomen met de support van onze DAMA NL vrijwilligers. Zonder hun support is er geen DAMA Nederland.

Dank aan Peter van Nederpelt voor zijn adviezen, zijn kwalitatieve bijdragen voor de geautomatiseerde vertalingen en zijn creatieve oplossingen. Dank aan Lex den Doop die zijn gedachtegoed over de Digital Twin van een organisatie (DTO) heeft toegepast op de vertaling. Dank aan Hans Blezer voor het herhaaldelijk proeflezen en het signaleren van . Dank aan Ellen Richter voor de eindredactie. Dank aan Eline Vieveen voor het aanpassen en vertalen van alle diagrammen uit het boek. Dank aan Simone Stad van de IND voor de laatste review.

Dank aan het bestuur van DAMA NL, Harm Geerlings, Pascal Smit en Mark van der Veen voor hun adviezen en ondersteuning.

Peter Vieveen

DAMA Nederland

Referenties

Abernethy, Kenneth and J. Thomas Allen. *Exploring the Digital Domain: An Introduction to Computers and Information Fluency.* 2nd ed., 2004. Print.

Ackerman Anderson, Linda and Dean Anderson. *The Change Leader's Roadmap and Beyond Change Management.* 2nd ed. Pfeiffer, 2010. Print.

Adelman, Sid, Larissa Moss, and Majid Abai. *Data Strategy.* Addison-Wesley Professional, 2005. Print.

Afflerbach, Peter. *Essential Readings on Assessment.* International Reading Association, 2010. Print.

Ahlemann, Frederik, Eric Stettiner, Marcus Messerschmidt, and Christine Legner, editors. *Strategic Enterprise Architecture Management: Challenges, Best Practices, and Future Developments.* Springer, 2012. Print.

Aiken, Peter and Juanita Billings. *Monetizing Data Management: Finding the Value in your Organization's Most Important Asset.* Technics Publications, LLC, 2014. Print.

Aiken, Peter and Michael M. Gorman. *The Case for the Chief Data Officer: Recasting the C-Suite to Leverage Your Most Valuable Asset.* Morgan Kaufmann, 2013. Print.

Aiken, Peter and Todd Harbour. *Data Strategy and the Enterprise Executive.* Technics Publishing, LLC, 2017. Print.

Allen, Mark and Dalton Cervo. *Multi-Domain Master Data Management: Advanced MDM and Data Governance in Practice*. Morgan Kaufmann, 2015. Print.

Anderson, Carl. *Creating a Data-Driven Organization*. O'Reilly Media, 2015. Print.

Andress, Jason. *The Basics of Information Security: Understanding the Fundamentals of InfoSec in Theory and Practice*. Syngress, 2011. Print.

Armistead, Leigh. *Information Operations Matters: Best Practices*. Potomac Books Inc., 2010. Print.

Arthur, Lisa. *Big Data Marketing: Engage Your Customers More Effectively and Drive Value*. Wiley, 2013.

Barksdale, Susan and Teri Lund. *10 Steps to Successful Strategic Planning*. ASTD, 2006. Print.

Barlow, Mike. *Real-Time Big Data Analytics: Emerging Architecture*. O'Reilly Media, 2013.

Baskarada, Sasa. *IQM-CMM: Information Quality Management Capability Maturity Model*. Vieweg+Teubner Verlag, 2009. Print.

Batini, Carlo, and Monica Scannapieco. *Data Quality: Concepts, Methodologies and Techniques*. Springer, 2006. Print.

Bean, Randy. "The Chief Data Officer Dilemma". Forbes, 29 January 2018. Retrieved from https://bit.ly/2J8ahVZ.

Becker, Ethan F. and Jon Wortmann. *Mastering Communication at Work: How to Lead, Manage, and Influence*. McGraw-Hill, 2009. Print.

Bernard, Scott A. *An Introduction to Enterprise Architecture*. 2nd ed., Authorhouse, 2005. Print.

Berson, Alex and Larry Dubov. *Master Data Management and Customer Data Integration for a Global Enterprise*. McGraw-Hill, 2007. Print.

Bevan, Richard. *Changemaking: Tactics and resources for managing organizational change*. CreateSpace Independent Publishing Platform, 2011. Print.

Biere, Mike. *The New Era of Enterprise Business Intelligence: Using Analytics to Achieve a Global Competitive Advantage*. IBM Press, 2010. Print.

Blann, Andrew. *Data Handling and Analysis*. Oxford University Press, 2015. Print.

Blokdijk, Gerard. *Stakeholder Analysis - Simple Steps to Win, Insights and Opportunities for Maxing Out Success*. Complete Publishing, 2015. Print.

Boiko, Bob. *Content Management Bible*. 2nd ed., Wiley, 2004. Print.

Borek, Alexander et al. *Total Information Risk Management: Maximizing the Value of Data and Information Assets*. Morgan Kaufmann, 2013. Print.

Boutros, Tristan and Tim Purdie. *The Process Improvement Handbook: A Blueprint for Managing Change and Increasing Organizational Performance*. McGraw-Hill Education, 2013. Print.

Brackett, Michael H. *Data Resource Design: Reality Beyond Illusion*. Technics Publications, LLC, 2012.

Brennan, Michael. "Can computers be racist? Big data, inequality, and discrimination." Ford Foundation Equals Change, 18 November 2015. Retrieved from https://bit.ly/1Om41ap.

Brestoff, Nelson E. and William H. Inmon. *Preventing Litigation: An Early Warning System to Get Big Value Out of Big Data*. Business Expert Press, 2015. Print.

Bridges, William. *Managing Transitions: Making the Most of Change*. Da Capo Lifelong Books, 2009.

Bryce, Tim. "Benefits of a Data Taxonomy." Toolbox Tech, 11 July 2005. Retrieved from http://it.toolbox.com/blogs/irm-blog/the-benefits-of-a-data-taxonomy-4916.

Brzezinski, Robert. *HIPAA Privacy and Security Compliance - Simplified: Practical Guide for Healthcare Providers and Practice Managers*. CreateSpace Independent Publishing Platform, 2014. Print.

Carstensen, Jared, Bernard Golden, and JP Morgenthal. *Cloud Computing - Assessing the Risks*. IT Governance Publishing, 2012. Print.

Cassell, Kay Ann and Uma Hiremath. *Reference and Information Services: An Introduction*. 3d ed., ALA Neal-Schuman, 2012. Print.

Center for Creative Leadership (CCL), Talula Cartwright, and David Baldwin. *Communicating Your Vision*. Pfeiffer, 2007. Print.

Chisholm, Malcolm and Roblyn-Lee, Diane. *Definitions in Data Management: A Guide to Fundamental Semantic Metadata*. Design Media, 2008. Print.

Chisholm, Malcolm. *Managing Reference Data in Enterprise Databases: Binding Corporate Data to the Wider World*. Morgan Kaufmann, 2000. Print.

CMMI Institute. http://cmmiinstitute.com/data-management-maturity.

Cokins, Gary et al. *CIO Best Practices: Enabling Strategic Value with Information Technology.* 2nd ed., Wiley, 2010. Print.

Collier, Ken W. *Agile Analytics: A Value-Driven Approach to Business Intelligence and Data Warehousing.* Addison-Wesley Professional, 2011. Print.

Confessore, Nicholas and Danny Hakim. "Data Firm says 'Secret Sauce' Aided Trump; Many Scoff." New York Times, 6 March 2017. Retrieved from https://nyti.ms/2J2aDx2.

Contreras, Melissa. *People Skills for Business: Winning Social Skills That Put You Ahead of the Competition.* CreateSpace Independent Publishing Platform, 2013. Print.

Council for Big Data, Ethics, and Society. http://bdes.datasociety.net/

Curley, Martin, Jim Kenneally, and Marian Carcary (editors). *IT Capability Maturity Framework IT-CMF.* Van Haren Publishing, 2015. Print.

DAMA International. *The DAMA Data Management Body of Knowledge (DMBOK2).* 2nd ed., Technics Publications, LLC, 2017. Print.

DAMA International. *The DAMA Dictionary of Data Management.* 2nd ed., Technics Publications, LLC, 2011. Print.

Darrow, Barb. "Is Big Data Killing Democracy?" Fortune Magazine, 15 September 2017. Retrieved from http://fortune.com/2017/09/15/election-data-democracy/.

Data Leader. https://dataleaders.org.

Davenport, Thomas H. *Big Data at Work: Dispelling the Myths, Uncovering the Opportunities.* Harvard Business Review Press, 2014. Print.

Davis, Kord. *Ethics of Big Data: Balancing Risk and Innovation.* O'Reilly Media, 2012. Print.

Dean, Jared. *Big Data, Data Mining, and Machine Learning: Value Creation for Business Leaders and Practitioners.* Wiley, 2014. Print.

Doan, AnHai, Alon Halevy, and Zachary Ives. *Principles of Data Integration.* Morgan Kaufmann, 2012.

Dwivedi, Himanshu. *Securing Storage: A Practical Guide to SAN and NAS Security.* Addison-Wesley Professional, 2005. Print.

Dyche, Jill and Evan Levy. *Customer Data Integration: Reaching a Single Version of the Truth.* John Wiley & Sons, 2006. Print.

Eckerson, Wayne W. *Performance Dashboards: Measuring, Monitoring, and Managing Your Business.* Wiley, 2005. Print.

Edvinsson, Håkan and Lottie Aderinne. *Enterprise Architecture Made Simple: Using the Ready, Set, Go Approach to Achieving Information Centricity.* Technics Publications, LLC, 2013. Print.

EMC Education Services, ed. *Data Science and Big Data Analytics: Discovering, Analyzing, Visualizing and Presenting Data.* Wiley, 2015. Print.

English, Larry. *Improving Data Warehouse and Business Information Quality: Methods For Reducing Costs And Increasing Profits.* John Wiley & Sons, 1999. Print.

English, Larry. *Information Quality Applied: Best Practices for Improving Business Information, Processes, and Systems.* Wiley Publishing, 2009. Print.

Evans, Nina and Price, James. "Barriers to the Effective Deployment of Information Assets: An Executive Management Perspective."

Interdisciplinary Journal of Information, Knowledge, and Management, Volume 7, 2012. Retrieved from https://dataleaders.org/.

Executive Office of the President, National Science and Technology Council Committee on Technology. "Preparing for the Future of Artificial Intelligence." National Archives, October 2016. Retrieved from https://bit.ly/2j3XA4k.

Federal Trade Commission, US (FTC). "Federal Trade Commission Report Protecting Consumer Privacy in an Era of Rapid Change." March 2012. Retrieved from https://bit.ly/2rVgTxQ.

Fisher, Craig, Eitel Lauría, Shobha Chengalur-Smith, and Richard Wang. *Introduction to Information Quality*. M.I.T. Information Quality Program Publications, 2006. Print.

Fisher, Tony. *The Data-asset: How Smart Companies Govern Their Data for Business Success*. Wiley, 2009. Print.

Foreman, John W. *Data Smart: Using Data Science to Transform Information into Insight*. Wiley, 2013.

Freund, Jack and Jack Jones. *Measuring and Managing Information Risk: A FAIR Approach*. Butterworth-Heinemann, 2014. Print.

Fuster, Gloria González. "The Emergence of Personal Data Protection as a Fundamental Right of the EU." Springer, 2014. Print.

Gartner, Tom McCall, contributor. "Understanding the Chief Data Officer Role." 18 February 2015. Retrieved from https://gtnr.it/1RIDKa6.

Regulation (EU) 2016/679 of the European Parliament and of the Council of 27 April 2016 on the protection of natural persons with regard to the processing of personal data and on the free movement of such data, and repealing Directive 95/46/EC (General Data Protection Regulation). Retrieved from http://data.europa.eu/eli/reg/2016/679/oj.

Gemignani, Zach, et al. *Data Fluency: Empowering Your Organization with Effective Data Communication*. Wiley, 2014. Print.

Ghavami, Peter PhD. *Big Data Governance: Modern Data Management Principles for Hadoop, NoSQL & Big Data Analytics*. CreateSpace Independent Publishing Platform, 2015. Print.

Gibbons, Paul. *The Science of Successful Organizational Change: How Leaders Set Strategy, Change Behavior, and Create an Agile Culture*. Pearson FT Press, 2015. Print.

Giordano, Anthony David. *Performing Information Governance: A Step-by-step Guide to Making Information Governance Work*. IBM Press, 2014. Print.

Hagan, Paula J., ed. *EABOK: Guide to the (Evolving) Enterprise Architecture Body of Knowledge*. MITRE Corporation, 2004. Retrieved from https://bit.ly/2HisN1m.

Halpin, Terry. *Information Modeling and Relational Databases: From Conceptual Analysis to Logical Design*. Morgan Kaufmann, 2001. Print.

Harkins, Malcolm. *Managing Risk and Information Security: Protect to Enable (Expert's Voice in Information Technology)*. Apress, 2012.

Harrison, Michael I. *Diagnosing Organizations: Methods, Models, and Processes*. 3rd ed., SAGE Publications, Inc., 2004. Print.

Hasselbalch, Gry and Pernille Tranberg. *Data Ethics: The New Competitive Advantage*. Publishare, 2016.

Hay, David C. *Data Model Patterns: A Metadata Map.* Morgan Kaufmann, 2006. Print.

Hayden, Lance. *IT Security Metrics: A Practical Framework for Measuring Security & Protecting Data.* McGraw-Hill Osborne Media, 2010. Print.

Hiatt, Jeffrey and Timothy Creasey. *Change Management: The People Side of Change.* Prosci Learning Center Publications, 2012. Print.

Hillard, Robert. *Information-Driven Business: How to Manage Data and Information for Maximum Advantage.* Wiley, 2010. Print.

Hoberman, Steve, Donna Burbank, and Chris Bradley. *Data Modeling for the Business: A Handbook for Aligning the Business with IT using High-Level Data Models.* Technics Publications, LLC, 2009. Print.

Holman, Peggy, Tom Devane, Steven Cady. *The Change Handbook: The Definitive Resource on Today's Best Methods for Engaging Whole Systems.* 2nd ed. Berrett-Koehler Publishers, 2007. Print.

Hoogervorst, Jan A. P. *Enterprise Governance and Enterprise Engineering.* Springer, 2009. Print.

Howson, Cindi. *Successful Business Intelligence: Unlock the Value of BI & Big Data.* 2nd ed., Mcgraw-Hill Osborne Media, 2013. Print.

Inmon (Website) https://bit.ly/1FtgeIL.

Inmon, W. *Building the Data Warehouse.* 4th ed., Wiley, 2005. Print.

Inmon, W. H., Claudia Imhoff, and Ryan Sousa. *The Corporate Information Factory.* 2nd ed., John Wiley & Sons, 2000. Print.

Inmon, W.H., and Dan Linstedt. *Data Architecture: A Primer for the Data Scientist: Big Data, Data Warehouse and Data Vault.* 1st ed., Morgan Kaufmann, 2014.

Jensen, David. "Data Snooping, Dredging and Fishing: The Dark Side of Data Mining A SIGKDD99 Panel Report." ACM SIGKDD, Vol. 1, Issue 2. January 2000. Retrieved from http://ftp.bstu.by/ai/Data-mining/Stock-market/expl99.pdf.

Johnson, Deborah G. *Computer Ethics.* 4th ed., Pearson, 2009. Print.

Jugulum, Rajesh. *Competing with High Quality Data.* Wiley, 2014. Print.

Kark, Khalid. "Building a Business Case for Information Security". Computer World, 10 August 2009. Retrieved from https://bit.ly/2qFyjk2.

Kaunert, C. and S. Leonard, eds. *European Security, Terrorism and Intelligence: Tackling New Security Challenges in Europe.* Palgrave Macmillan, 2013. Print.

Kennedy, Gwen, and Leighton Peter Prabhu. *Data Privacy: A Practical Guide.* Interstice Consulting LLP, 2014.

Kent, William. *Data and Reality: A Timeless Perspective on Perceiving and Managing Information in Our Imprecise World.* 3d ed., Technics Publications, LLC, 2012. Print.

Kimball, Ralph, and Margy Ross. *The Data Warehouse Toolkit: The Definitive Guide to Dimensional Modeling.* 3d ed., Wiley, 2013. Print.

Kitchin, Rob. *The Data Revolution: Big Data, Open Data, Data Infrastructures and Their Consequences.* SAGE Publications Ltd., 2014. Print.

Kotter, John P. *Leading Change*. Harvard Business Review Press, 2012. Print.

Kring, Kenneth L. *Business Strategy Mapping - The Power of Knowing How it All Fits Together*. Langdon Street Press, 2009. Print.

Krishnan, Krish. *Data Warehousing in the Age of Big Data*. Morgan Kaufmann, 2013. Print.

Ladley, John. *Data Governance: How to Design, Deploy and Sustain an Effective Data Governance Program*. Morgan Kaufmann, 2012. Print.

Ladley, John. *Making Enterprise Information Management (EIM) Work for Business: A Guide to Understanding Information as an Asset*. Morgan Kaufmann, 2010. Print.

Lake, Peter and Robert Drake. *Information Systems Management in the Big Data Era*. Springer, 2015.

Lambe, Patrick. *Organising Knowledge: Taxonomies, Knowledge and Organisational Effectiveness*. Chandos Publishing, 2007. Print.

Laney, Doug. "3D Data Management: Controlling Data Volume, Velocity, and Variety." The Meta Group, 6 February 2001. Retrieved from https://gtnr.it/1bKflKH.

Laney, Douglas, *Infonomics: How to Monetize, Manage, and Measure Information as an Asset for Competitive Advantage*. Gartner, 2018.

Lankhorst, Marc. *Enterprise Architecture at Work: Modeling, Communication and Analysis*. Springer, 2005. Print.

Lee, Yang W., Leo L. Pipino, James D. Funk, and Richard Y. Wang. *Journey to Data Quality*. The MIT Press, 2006. Print.

Lipschultz, Jeremy Harris. *Social Media Communication: Concepts, Practices, Data, Law and Ethics*. Routledge, 2014. Print.

Loh, Steve. *Data-ism: The Revolution Transforming Decision Making, Consumer Behavior, and Almost Everything Else*. HarperBusiness, 2015. Print.

Loshin, David. *Enterprise Knowledge Management: The Data Quality Approach*. Morgan Kaufmann, 2001. Print.

Loshin, David. *Master Data Management*. Morgan Kaufmann, 2009. Print.

Loukides, Mike. *What Is Data Science?* O'Reilly Media, 2012.

Luecke, Richard. *Managing Change and Transition*. Harvard Business Review Press, 2003. Print.

Martin, James and Joe Leben. *Strategic Information Planning Methodologies*. 2nd ed., Prentice Hall, 1989. Print.

Marz, Nathan and James Warren. *Big Data: Principles and best practices of scalable realtime data systems*. Manning Publications, 2015. Print.

Maydanchik, Arkady. *Data Quality Assessment*. Technics Publications, LLC, 2007. Print.

Mayfield, M.I. *On Handling the Data*. CreateSpace Independent Publishing Platform, 2015. Print.

McCandless, David. *Information is Beautiful*. Collins, 2012.

McGilvray, Danette. *Executing Data Quality Projects: Ten Steps to Quality Data and Trusted Information*. Morgan Kaufmann, 2008. Print.

McKnight, William. *Information Management: Strategies for Gaining a Competitive Advantage with Data*. Morgan Kaufmann, 2013. Print.

McSweeney, Alan. *Review of Data Management Maturity Models.* SlideShare, 23 October 2013. Retrieved from https://bit.ly/2spTCY9.

Moody, Daniel and Walsh, Peter. "Measuring The Value of Information: An Asset Valuation Approach." European Conference on Information Systems (ECIS), 1999. Retrieved from https://bit.ly/29JucLO.

Myers, Dan. "The Value of Using the Dimensies of Data Quality." Information Management, August 2013. Retrieved from https://bit.ly/2tsMYiA.

National Institute for Standards and Technology (US Department of Commerce). "Cybersecurity Framework." Retrieved from https://bit.ly/1eQYolG.

Nichols, Kevin. *Enterprise Content Strategy: A Project Guide.* XML Press, 2015. Print.

O'Keefe, Katherine and Daragh O Brien. *Ethical Data and Information Management.* Kogan Page, 2018.

Olson, Jack E. *Data Quality: The Accuracy Dimension.* Morgan Kaufmann, 2003. Print.

Park, Jung-ran, editor. *Metadata Best Practices and Guidelines: Current Implementation and Future Trends.* Routledge, 2014. Print.

Plotkin, David. *Data Stewardship: An Actionable Guide to Effective Data Management and Data Governance.* Morgan Kaufmann, 2013. Print.

Pomerantz, Jeffrey. *Metadata.* The MIT Press, 2015. Print.

PROSCI. "ADKAR: Why it Works." Retrieved from https://bit.ly/2tt1bf9.

Provost, Foster and Tom Fawcett. *Data Science for Business: What you need to know about data mining and data-analytic thinking*. O'Reilly Media, 2013. Print.

Quinn, Michael J. *Ethics for the Information Age*. 6th ed., Pearson, 2014. Print.

Redman, Thomas. "Bad Data Costs U.S. $3 Trillion per Year." Harvard Business Review, 22 September 2016.

Redman, Thomas. *Data Driven: Profiting from Your Most Important Business Asset*. Harvard Business Review Press, 2008. Print.

Redman, Thomas. *Data Quality: The Field Guide*. Digital Press, 2001. Print.

Redman, Thomas. *Getting in Front on Data*. Technics Publishing, LLC, 2017.

Reeve, April. *Managing Data in Motion: Data Integration Best Practice Techniques and Technologies*. Morgan Kaufmann, 2013. Print.

Reeves, Laura L. *A Manager's Guide to Data Warehousing*. Wiley, 2009. Print.

Reid, Roger, Gareth Fraser-King, and W. David Schwaderer. *Data Lifecycles: Managing Data for Strategic Advantage*. Wiley, 2007. Print.

Reinke, Guido. *The Regulatory Compliance Matrix: Regulation of Financial Services, Information and Communication Technology, and Generally Related Matters*. GOLD RUSH Publishing, 2015. Print.

Rhoton, John. *Cloud Computing Explained: Implementation Handbook for Enterprises*. Recursive Press, 2009. Print.

Russell, Matthew A. *Mining the Social Web: Data Mining Facebook, Twitter, LinkedIn, Google+, GitHub, and More*. 2nd ed., O'Reilly Media, 2013. Print.

Salminen, Joni and Valtteri Kaartemo, eds. *Big Data: Definitions, Business Logics, and Best Practices to Apply in Your Business*. Amazon Digital Services, Inc., 2014.

Schmarzo, Bill. *Big Data MBA: Driving Business Strategies with Data Science*. Wiley, 2015. Print.

Sebastian-Coleman, Laura. *Measuring Data Quality for Ongoing Improvement: A Data Quality Assessment Framework*. Morgan Kaufmann, 2013. Print.

Seiner, Robert S. *Non-Invasive Data Governance*. Technics Publishing, LLC, 2014. Print.

Sherman, Rick. *Business Intelligence Guidebook: From Data Integration to Analytics*. Morgan Kaufmann, 2014. Print.

Simon, Alan. *Modern Enterprise Business Intelligence and Data Management: A Roadmap for IT Directors, Managers, and Architects*. Morgan Kaufmann, 2014. Print.

Simsion, Graeme. *Data Modeling: Theory and Practice*. Technics Publications, LLC, 2007. Print.

Singer, P.W. and Allan Friedman. *Cybersecurity and Cyberwar: What Everyone Needs to Know®*. Oxford University Press, 2014. Print.

Smallwood, Robert F. *Information Governance: Concepts, Strategies, and Best Practices*. Wiley, 2014. Print.

Soares, Sunil. *Selling Information Governance to the Business: Best Practices by Industry and Job Function*. MC Press, 2011. Print.

Soares, Sunil. *The Chief Data Officer Handbook for Data Governance.* MC Press, 2015. Print.

Spewak, Steven and Steven C. Hill. *Enterprise Architecture Planning: Developing a Blueprint for Data, Applications, and Technology.* 2nd ed., Wiley-QED , 1993. Print.

Surdak, Christopher. *Data Crush: How the Information Tidal Wave is Driving New Business Opportunities.* AMACOM , 2014. Print.

Talburt, John and Yinle Zhou. *Entity Information Management Lifecycle for Big Data.* Morgan Kauffman, 2015. Print.

Talburt, John. *Entity Resolution and Information Quality.* Morgan Kaufmann, 2011. Print.

Tarantino, Anthony. *The Governance, Risk, and Compliance Handbook: Technology, Finance, Environmental, and International Guidance and Best Practices.* Wiley, 2008. Print.

The Data Governance Institute (Web site). https://bit.ly/1ef0tnb.

Thomas, Liisa M. *Thomas On Data Breach: A Practical Guide to Handling Data Breach Notifications Worldwide.* LegalWorks, 2015. Print.

Tufte, Edward R. *The Visual Display of Quantitative Information.* 2nd ed., Graphics Press, 2001. Print.

US Department of Commerce. *Guidelines on Security and Privacy in Public Cloud Computing.* CreateSpace Independent Publishing Platform, 2014. Print.

US Department of Defense. *Information Operations: Doctrine, Tactics, Techniques, and Procedures.* 2011.

US Department of Health and Human Services. "The Belmont Report." 1979. Retrieved from https://bit.ly/2tNjb3u.

US Department of Homeland Security. "Applying Principles to Information and Communication Technology Research: A Companion to the Department of Homeland Security Menlo Report". 3 January 2012. Retrieved from https://bit.ly/2rV2mSR.

van der Lans, Rick. *Data Virtualization for Business Intelligence Systems: Revolutionizing Data Integration for Data Warehouses.* Morgan Kaufmann, 2012. Print.

van Rijmenam, Mark. *Think Bigger: Developing a Successful Big Data Strategy for Your Business.* AMACOM, 2014. Print.

Verhoef, Peter C., Edwin Kooge, and Natasha Walk. *Creating Value with Big Data Analytics: Making Smarter Marketing Decisions.* Routledge, 2016. Print.

Vitt, Elizabeth, Michael Luckevich, and Stacia Misner. *Business Intelligence.* Microsoft Press, 2008. Print.

Waclawski, Janine. *Organization Development: A Data-Driven Approach to Organizational Change.* Pfeiffer, 2001. Print.

Warden, Pete. *Big Data Glossary.* O'Reilly Media, 2011. Print.

Williams, Branden R. and Anton Chuvakin Ph.D. *PCI Compliance: Understand and Implement Effective PCI Data Security Standard Compliance.* 4th ed., Syngress, 2014. Print.

Zeng, Marcia Lei and Jian Qin. *Metadata.* 2nd ed., ALA Neal-Schuman, 2015. Print.

Index